여자들은 자꾸
같은 질문을 받는다

THE MOTHER OF
ALL QUESTIONS

Rebecca
Solnit

리베카 솔닛 지음 · 김명남 옮김

여자들은 자꾸
같은 질문을 받는다

창비

새로 온 사람들과
그들의 아름다운 소음을 사랑하는 마음으로
우리가 계속 나아가길 바라며,
애틀러스
엘라와 마야
아이작과 마틴
버클리
브룩과 딜런과 솔로몬
데이지와 제이크에게.
그리고 모든 독자들과
불평꾼들에게 감사하며.

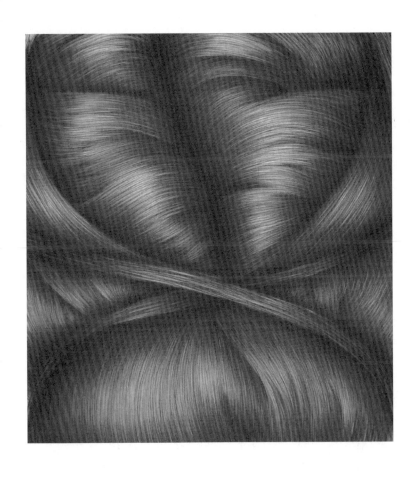

이 책에서 제일 길고 가장 최근 쓰인 글은 침묵에 관한 글이다. 그 글을 쓰기 시작했을 때 나는 내가 여자들이 침묵당하는 여러 방식에 관해서 쓰고 있다고 생각했다. 그러나 곧 깨달았다. 남자들이 침묵당하는 여러 방식도 내 주제에서 떼어낼 수 없는 부분이라는 사실, 우리는 누구나 우리가 젠더 역할이라고 부르는 상호적 침묵을 비롯해 여러 종류의 침묵으로 이루어진 침묵의 복합체 속에 존재한다는 사실을. 이 책은 페미니즘 책이다. 하지만 여성의 경험만을 이야기하지 않고 우리 모두의 경험을 이야기하는 책이다 — 남자들, 여자들, 아이들, 그리고 젠더의 이분법과 한계에 도전하는 모든 사람들의 경험을.

이 책에는 연속으로 강간을 저지르는 남자들뿐 아니라 열렬한 페미니스트 남자들도 나온다. 이 책은 범주란 무릇 새기 마련이므로 우리는 범주를 잠정적으로만 사용해야 한다는 사실을 인식하고 있다. 이 책은 최근 북미와 전세계에서 활기를 되찾은 페미니즘 운동이 일으킨 급속한 사회변화에 대해서 이야기할 텐데, 이는 법을 바꾸는 것에만 국한되지 않는다. 이 변화는 합의, 힘, 권리, 젠더, 목소리, 표현에 대한 우리의 생각까지 바꾸고 있다. 이 근사한 변혁운동을 이끈 이들 가운데 특히 두드러진 건 대학 캠퍼스의, 소셜미디어의, 거리의 젊은이들이었고 나는 그 용감무쌍하고 당당한 신세대 페미니스트들과 인권운동가들에게 가없는 감명을 느낀다. 이 운동에 반발하는 움직임에 대해서 느끼는 두려움도 가없기는 마찬가지이지만, 반발은 그 자체로 페미니즘이 좀더 폭넓은 해방 운동의 일부로서 가부장제와 기성 체제에 위협이 되고 있다는 증거다.

이 책은 학살의 아수라장을 통과하여 나아가는 여행이고, 해방과 연대, 통찰과 공감을 칭송하는 노래이며, 우리가 그런 것을 탐구할 때 써야 할 용어들과 도구들을 살펴보는 점검이다.

차례

일러두기

1. 저자의 주는 각주로, 옮긴이의 주는 본문에 작은 글씨로 표시했다.
2. 한국어판으로 출간된 책은 한국어판 제목을 썼다.

THE MOTHER OF
ALL QUESTIONS

모든 질문의
어머니

몇년 전 버지니아 울프Virginia Woolf에 대해서 강연한 적이 있다. 강연 후 질문 시간이 이어졌고, 청중 가운데 많은 사람은 울프가 아이를 낳아야 했을까 하는 질문을 가장 흥미롭게 여기는 듯했다. 나는 질문에 성실히 답하여, 울프가 결혼 초 아이를 가질까 생각해본 적은 있었던 것 같다, 언니 바네사 벨Vanessa Bell이 아이에게서 기쁨을 느끼는 걸 보고는 그랬던 것 같다고 말했다. 하지만 울프는 점차 출산을 현명하지 못한 일로 여기게 되었는데 아마도 자신이 심리적으로 불안정한 상태라서 그랬을 것이라고 말했다. 나는 이런 의견도 덧붙였다. 아니 어쩌면, 울프는 작가가 되어 인생을 예술에 바치고 싶었을지도 모른다. 그리고 울프는 결국 그 일에서 비범한 성공을 거두었다. 나는 강연 중에 울프가 "가정의 천사"를 죽였다고 썼던 대목을, 즉 여성에게 자신을 희생한 채 가정과 남성의 자아를 섬기는 하녀가 되라고 속삭이는 내면의 목소리를 죽였다고 썼던 대목을 인용하며, 나 또한 그런 울프에게 공감한다는 태도를 취했다. 내가 그렇게 관습적 여성성의 정신을 목 졸라 죽이는 걸 지지했는데도 이후 이런 대화가 이어졌다는 데 나는 놀라지 않을 수 없었다.

그때 나는 청중에게 이렇게 말했어야 했다. 우리가 울프의 출산 상태를 추궁하는 건 그의 작품이 제기하는 멋진 질문으로부터 벗어나는 따분하고 무의미한 짓이라고. (기억하기로 그때 나는 어느 시점엔가 내 뜻을 그럭저럭 담았다고 할 수 있는, "이딴 얘기는 집어치우죠"라는 말로 사람들이 다른 이야기로 넘어가도록 이끌었다.) 따지자면 아이를 낳는 건 많은 사람이 하는 일이지만, 『등대로』와 『3기니』를 쓰는 건 오직 한 사람만이 해낸 일이었으며 우리가 울프를 이야기하는 건 후자의 일 때문이다.

나는 그런 식의 질문을 받는 데 무척이나 익숙했다. 십년 전, 내가 쓴 정치 관련 책에 관해 이야기하기로 되어 있던 자리에서, 나를 인터뷰하던 영국 남자는 내 정신의 산물을 논하는 대신 내 육체의 산물을, 혹은 그 결핍을 논하자고 고집부렸다. 그는 무대에서 내게 아이를 갖지 않은 이유를 캐물었다. 내가 어떤 답을 내놓아도 그는 만족하지 못했다. 그의 입장은 내가 반드시 아이를 가져야 하고 그러지 않은 건 이해할 수 없는 일이기에, 내가 실제로 낳은 책들을 논하는 대신 내가 아이를 낳지 않은 이유를 논해야만 한다는 것인 듯했다.

내가 무대에서 내려왔을 때, 스코틀랜드에서 내 책을 낸 출판사의 홍보 담당자는—가냘픈 이십대 여성으로 분홍 발레 슈즈를 신고 예쁜 약혼반지를 낀 사람이었는데—열받아서 잔뜩 찌푸린 얼굴이었다. "저 사람은 남자한테는 절대로 그런 걸 안 물을걸요." 홍보 담당자가 내뱉었다. 옳은 말이었다. (나는 요즘 저 말을 질문으로 바꾸어 질문자들의 의도를 좌절시키는 데 사용하곤 한다. "남자한테도 그런 걸 물으시나요?") 저런 질문은 세상에는 여러 여자들이 있는 게 아니라 하나의 여자만 있다는 생각에서, 그 여자는 종 전체를 위한 엘리베이터처럼 반드시 결혼하고, 번식하고, 남자를 받아들이고 아기를 내보내야 한다는 생각에서 나오는 듯하다. 인간이라는 종의 51퍼센트는 여성이고 그 여성들은 나머지 49퍼센트 못지않게 다양한 욕구와 신비로운 욕망을 가진 존재들임에도 불구하고 말이다. 저런 질문은 사실 질문이라기보다 단언이다. 스스로를 개인으로 여기고 자신의 앞길은 자신이 개척한다고 생각하는 우리더러 너희가 틀렸다고 단언하는 말이다. 뇌는 엄청나게 다채로운 산물을 만들어내는 개개인마다의 현상인 데 비해 자궁은 오로지 한 종류의 산물만을 만들어낸다.

군이 답하자면, 내가 아이를 갖지 않은 이유는 여러가지

16

다. 나는 피임을 아주 잘한다. 아이들을 사랑하고 이모나 고모가 되는 걸 좋아하지만 또한 고독을 사랑한다. 불행하고 불친절한 사람들 손에서 자랐기에, 그들의 양육 방식을 되풀이하고 싶은 생각도, 내가 이따금 나를 낳은 사람들에게 느끼는 감정을 나에게 느낄지도 모르는 인간을 탄생시키고 싶은 생각도 없었다. 지구는 제1세계 인구를 지금보다 더 많이 부양할 수 없는 형편이고 미래는 몹시 불확실하다. 그리고 나는 책을 쓰기를 간절히 바랐는데, 내가 작업하는 방식대로라면 이것은 퍽 버거운 직업이다. 내가 아이를 절대로 갖지 말아야지 하고 원칙을 세운 건 아니었다. 상황이 달랐더라면 아이를 가졌을 수도 있고 만일 그랬더라도 좋았을 것이다. 지금 좋은 것처럼.

어떤 사람들은 아이를 원하지만 다양한 사적 이유로, 의학적이거나 감정적이거나 경제적이거나 직업적인 이유로 갖지 못한다. 또 어떤 사람들은 아이를 원하지 않는데, 그 또한 남들이 알 바 아니다. 어떤 질문이 대답할 수 있는 질문이라고 해서 모두가 꼭 답해야 하는 것은 아니고, 누군가 꼭 그 질문을 물어야만 하는 것도 아니다. 예의 인터뷰어가 내게 그렇게 질문한 건 무례한 일이었는데, 왜냐하면 그 질문은 여자라면 반드시 아이를 가져야 하고 따라서 여자의 생식 활동은 자연히 공적 문제라는 가정을 깔고 있었기 때문이다. 그보다 더 근본적인 문제로, 그 질문은 여자에게 적합한 삶의 방식은 하나뿐이라고 가정했다.

여자에게 적합한 삶의 방식이 하나뿐이라고 말하는 것조차 어쩌면 상황을 너무 낙천적으로 설명한 것일지 모른다. 왜냐하면 끊임없이 뭔가 부족하다는 지적에 시달리기는 아이를 둔 여자들도 매한가지이기 때문이다. 엄마는 아이를 5분 혼자 놔뒀다는 이유로 범죄자처럼 취급될 수 있다. 아이의 아버지는 몇년이나 아이를 그냥 내버려뒀더라도 말이다. 어떤 엄마들은 내게 말하기를, 자신은 그저 아이가 있다는 것 때문에 무시당해도 싼 아둔한 인간 취급을 당한다고 했다. 내가 아는 많은 여자들은 누군가로부터 당신은 언젠가는 출산하러 떠날 테니 진지한 직업인으로 여기기 어렵다는 말을 들은 적이 있다. 그리고 많은 엄마들은 설령 일에서 성공하더라도 그렇다면 틀림없이 누군가를 돌보는 일을 게을리했을 거라는 말을 듣는다. 여자는 어떻게 살아야 하는가 하는 질문에 정답은 없다. 우리가 습득해야 할 기술은 오히려 어떻게 그 질문을 거부할 것인가인지도 모른다.

사람들은 세상에는 답이 여러개일 수 있는 열린 질문이 있다는 말을 많이 한다. 그런데 세상에는 닫힌 질문도 있다. 정답이 하나뿐인 질문, 최소한 질문자의 입장에서는 하나뿐인 질문이다. 우리를 무리 속으로 몰아넣고 우리가 무리로부터 벗어날라치면 물어뜯는 질문, 질문 속에 이미 답이 포함되어 있으며 실은 우리를 강제하고 처벌하는 것이 목적인 질문이다. 내 인생의 목표 중 하나는 진실로 랍비처럼 문답할 줄 아는 자가 되는 것, 닫힌 질문에 열린 질문으로 답할 줄 아는 것, 내 내면에 대한 권한을 스스로 가짐으로써 다가오는 침입자에 맞서서 훌륭한 문지기가 되는 것, 최소한 "왜 그런 걸 묻죠?"라고 재깍 되물을 줄 아는 사람이 되는 것이다. 내 경험상 이런 되물음은 불친절한 질문에 대한 대답으로 늘 좋은 선택이고, 닫힌 질문은 대체로 불친절한 편이다. 하지만 출산에 대해서 추궁당했던 날 나는 급습당한 처지였기 때문에(더구나 시차 때문에 무진장 피곤했다), 제대로 대처하지 못한 채 이런 의문만을 남기고 강연을 마치고 말았다. 대체 왜 그런 나쁜 질문은 어김없이 던져지고야 말까?

어쩌면 우리가 자기자신에게도 잘못된 질문을 던지도록 배워온 것이 한가지 원인일지 모른다. 우리 문화는 일종의 대중 심리학이라고 부를 만한 것에 젖어 있는데, 그 심리학이 집착하는 질문은 이것이다. 당신은 행복합니까? 우리는 이 질문을 거의 반사적으로 묻기 때문에, 만일 타임머신이 있어서 현대의 약사가 블룸즈버리 그룹(20세기 초에 버지니아 울프 등이 결성한 문학가 단체—옮긴이)에게 평생 복용할 용량의 항우울제를 가져다줄 수 있다면, 그래서 둘도 없이 뛰어난 페미니스트 산문가가 인생의 경로를 바꿔 울프 집안 아기들을 낳을 수 있다면 당연히 그러기를 바랄 듯한 지경이다.

행복에 대한 질문은 보통 우리가 행복한 삶이 어떤 모양인지를 안다고 가정한다. 행복은 종종 멋지고 사랑스러운 것들이 — 배우자, 자식, 사유재산, 에로틱한 경험 — 줄줄이 늘어선 결과로 묘사되지만, 잠깐만 생각해보면 세상에는 저것들을 다 갖고도 여전히 비참한 사람이 많다는 사실이 머리에 떠오른다.

세상은 끊임없이 우리에게 행복의 프리 사이즈 공식을 제공하지만, 그런 공식은 자주 그리고 철저히 실패한다. 그래도 세상은 우리에게 다시 그것을 떠안긴다. 그러고도 다시, 또다시. 그런 공식은 감옥이자 처벌이다. 그 상상력의 감옥은 세상이 제공한 처방을 정확하게 따랐는데도 너무나 비참한 삶을 살게 되는 처지에 많은 사람을 잡아 가둔다.

이 문제는 문학적인 문제일 수도 있다. 세상은 우리에게 무엇이 좋은 삶인가에 대해 단 하나의 줄거리만을 들려준다. 그 줄거리를 좇은 사람들 가운데서도 적잖은 수는 결국 나쁜 삶을 살게 되는데도 말이다. 사람들은 마치 하나의 행복한 결말을 가진 하나의 좋은 플롯만 있는 것처럼 말하지만, 삶이란 사실 우리 주변 사방에서 무수히 다양한 형태로 꽃을 피울 수 ─ 그리고 시들 수 ─ 있다.

설령 그 익숙한 줄거리를 최선으로 살아내는 사람이라도 그 결과로 얻는 것이 행복은 아닐 수도 있다. 그리고 이것이 꼭 나쁜 일만은 아니다. 내가 아는 한 여성은 애정 어린 결혼 생활을 70년 동안 해왔다. 그녀는 스스로의 원칙에 따라 의미 있고 긴 삶을 살았고, 자손들에게 사랑과 존경을 받는다. 그래도 나는 그녀가 행복하다고 말하진 못할 것 같다. 그녀는 약자들에 대한 연민과 미래에 대한 근심이 워낙 깊은 나머지 울적한 세계관을 갖게 되었기 때문이다. 그녀가 행복 대신 얻은 게 무엇인지를 설명하려면, 우리에게는 더 나은 언어가 필요하다. 좋은 삶의 기준은 전혀 다른 것일 수도 있다. 어떤 사람에게는 그런 것이 더 중요하게 느껴질 수도 있다. 이를테면 사랑하고 사랑받는 것, 혹은 만족, 명예, 의미, 깊이, 몰입, 희망을 얻는 것.

내가 그동안 작가로서 추구한 목표 중 하나는 어렴풋하여 간과되는 것을 중요하게 여기는 것, 의미의 섬세한 뉘앙스와 색조를 묘사하는 것, 공적인 삶과 고독한 삶을 칭송하는 것, 그리고 ─ 존 버거의 문구를 빌리자면 ─ "다른 방식으로 말하기"를 해내는 것이었다. 그렇기에 나는 오래된 방식의 똑같은 말하기에 언제까지나 이렇게 얻어맞는 게 더욱더 실망스럽다.

보수주의자들이 주장하는 '결혼 보호'는, 기실 페미니스트들이 개혁에 나서기 전에는 그저 오래된 위계적 계약에 지나지 않았던 이성 간 결혼을 보호하겠다는 뜻인데, 슬프게도 보수만의 주장은 아니다. 우리 사회에는 이성애자 부모로 이루어진 가정이 아이에게 마술처럼 좋은 영향을 미칠 거라고 독실하게 믿는 이들이 너무 많아서, 그 영향권 내의 모든 관계자들에게 파괴적이기만 한 비참한 결혼에 사람들이 그냥 눌러앉는 경우가 많다. 나는 부모 중 한쪽이나 둘 다에게 괴로운 상황이 왜인지는 몰라도 아이들에게는 유익할 거라고 말하는 오래된 처방 때문에 끔찍한 결혼에서 벗어나기를 오래 주저한 사람들을 안다. 심지어 자신을 학대하는 폭력적 배우자를 둔 여자들도 그냥 그 상황에 머물러 있으라는 종용을 듣는다. 결혼이란 절대적으로 좋은 것이니까 사소한 세부는 중요하지 않다는 것이다. 형식이 내용을 이긴다는 것이다. 하지만 나는 이혼의 즐거움을 목격했고, 행복한 가족이 취할 수 있는 무수히 다양한 형태를 목격했다. 보고 보고 또 보았다. 한 부모와 한 아이로 이루어진 가족부터 여러 가족들이나 대가족들이 이루는 셀 수 없이 다양한 형태까지.

내가 나에 대해서, 그리고 일에만 몰두하는 매정한 남자와 결혼하여 네 아이를 낳고 살면서 분노와 비참함으로 자주 속을 끓였던 어머니에 대해서 이야기한 책을 쓴 뒤였다. 웬 인터뷰어가 혹시 내가 인생의 짝을 찾지 못한 건 학대하는 아버지를 둔 탓이었느냐고 기습적으로 물었다. 그 질문은 내가 인생에서 하고자 했던 일이 무엇인지를 제멋대로 가정하고 어이없게도 그 인생에 끼어들 권리를 주장하는 질문이었다. 내 생각에 그 책 『멀고도 가까운』은 진정으로 좋은 삶을 향해 나아온 나 자신의 긴 여정을 조용하고 우회적인 방식으로 이야기한 책이자 한편으로는 어머니의 분노를 이해하려고 시도한 책이었다. 어머니의 분노는 어머니가 여성의 관습적인 역할과 기대에 갇혀 있던 데서 비롯했다는 사실까지 포함하여.

나는 내가 삶에서 하고자 했던 일을 해냈다. 그리고 내가 하고자 했던 일은 어머니나 저 인터뷰어가 가정했던 일이 아니었다. 나는 책을 쓰고 싶었고, 너그럽고 명석한 사람들에게 둘러싸이고 싶었고, 근사한 모험을 경험하고 싶었다. 남자들도 ─ 낭만, 짧은 연애, 장기적인 관계 ─ 그 모험의 일부였지만, 머나먼 사막, 극지방 바다, 높은 산 정상, 봉기와 재난도, 그리고 생각과 자료와 기록과 인생을 탐험하는 것도 모험이었다.

사회가 제공하는 충만을 위한 처방은 도리어 막대한 불행을 일으키는 듯하다. 그 처방을 실천할 능력이나 의향이 없어 낙인 찍힌 사람들에게도, 처방을 따랐음에도 불구하고 행복을 얻지 못한 사람들에게도. 물론 세상에는 규격화된 삶 속에서 행복한 사람들도 있다. 나도 그런 이들을 몇

안다. 하지만 나는 아이가 없고 금욕을 맹세한 수도사나 사제나 수녀원장, 이혼한 게이, 혹은 그 중간에 해당하는 갖가지 처지이면서 행복한 사람들도 안다. 지난여름 내 친구 에마는 아버지와 팔짱을 끼고 결혼식에 입장했는데, 그 뒤에는 그 아버지의 남편이 에마의 어머니와 팔짱을 끼고 걸어 들어왔다. 그 네 사람은 보기 드물게 사랑이 넘치고 친밀한 가족으로, 정치를 통해서 정의를 추구하는 일에 전념하고 있다. 이제 에마의 신랑까지 포함하여. 올여름 내가 참석했던 두 결혼식은 둘 다 신랑이 둘이고 신부는 없었다. 첫번째 결혼식에서 한 신랑은 눈물을 보였다. 그는 평생 결혼할 권리에서 배제되어왔고 자신이 결혼식을 올리게 될 거라고는 꿈에도 생각지 못했기 때문이다.

이런데도 예의 오래된, 똑같은 질문은 계속 우리 주변에서 윙윙거린다. 그것은 질문이라기보다는 일종의 강요에 가까워 보일 때가 많다. 전통적 세계관에서 행복이란 본질적으로 개인적이고 이기적인 것이다. 합리적인 사람은 누구나 사익을 추구하기 마련이고 그가 그 일을 성공적으로 해낸다면 행복해질 것이라는 식이다. 이때 인간성은 협소하게 정의되고, 이타주의나 이상주의나 공적인 삶은 (명성, 지위, 물질적 성공의 형태를 제외하고는) 쇼핑 목록에 오르지 않는다. 인생은 의미를 추구하는 것이라는 생각은 좀처럼 떠오르지 않는다. 규격화된 활동들은 본질적으로 유의미할 뿐 아니라 심지어 유일하게 유의미한 선택지로 여겨진다.

사람들이 여성의 정체성의 핵심을 자동으로 어머니됨과 연결 짓는 것은 아이야말로 우리가 지닌 사랑의 능력을 충족시킬 대상이라고 믿는 탓도 있다. 하지만 세상에는 자기 후손 말고도 사랑할 대상이 너무 많고, 우리의 사랑을 필요로 하는 것들이 너무 많으며, 그밖에도 사랑이 해내야 할 일들이 너무 많다.

사람들은 아이 없는 사람에게 그 동기를 캐묻고 그가 부모 역할에 수반되는 희생을 거부했다는 이유로 이기적인 사람이라고 평가하지만, 거꾸로 자식을 끔찍이 사랑하는 사람은 그밖의 세상에 베풀 사랑이 그만큼 적을지도 모른다는 사실은 종종 간과한다. 작가이자 어머니인 크리스티나 럽턴Christina Lupton은 최근 자신이 엄마라는 버거운 임무에 붙들린 뒤 포기해야 했던 일들에 대해서 이렇게 썼다.

세상을 돌보는 일이지만 육아보다 정당화하기가 좀더 어려운 모든 일, 하지만 아이가 무럭무럭 자라려면 사실 부모의 육아 못지않게 긴요한 일. 내가 말하는 그런 일이란 글을 쓰고, 발명하고, 정치 활동을 하고, 사회운동을 하는 일이다. 글을 읽고, 강연하고, 시위하고, 가르치고, 영화를 만드는 일이다. (⋯) 내가 가장 중요하게 여기는 일들, 그로부터 인간 조건의 개선이 뒤따르리라 믿어 의심치 않는 일들은 대부분 육아라는 실제적이고 창의적인 작업과 병행하기가 엄청나게 어렵다.

몇년 전 에드워드 스노든Edward Snowden(2013년 미국 국가안보국의 기밀문서를 『가디언』을 통해 공개하여 대중에 대한 국가 감시체제의 심각성을 폭로했다──옮긴이)이 갑자기 등장했을 때 많은 사람이 대체 왜 젊은이가 행복의 공식을 포기하고──고소득, 안정된 직장, 하와이의 집──세상에서 최고로 악명 높은 도망자가 되겠느냐며 그의 동기를 이해하지 못했고, 그 점이 나는 놀라웠다. 사람들은 인간이란 다들 이기적인 법이니 스노든도 관심이나 돈 같은 이기적 동기에서 저렇게 행동하는 거라고 전제하는 것 같았다.

스노든에 대한 논평이 쏟아지기 시작한 무렵, 『뉴요커』의 법 전문가 제프리 투빈Jeffrey Toobin은 스노든을 가리켜 "과대망상에 빠진 나르시시스트로 마땅히 감옥에 가야 한다"라고 말했다. 또다른 논평가는 "에드워드 스노든은 자신이 남들보다 똑똑하다고 생각하는 나르시시즘에 빠진 젊은이일 뿐이다"라고 단언했다. 어떤 사람들은 스노든이 미국 정부의 기밀을 폭로하는 것은 적국으로부터 돈을 받았기 때문일 거라고 추측했다.

스노든은 꼭 다른 시대에서 온 사람처럼 보였다. 그는 기자 글렌 그린월드Glenn Greenwald와 처음 연락을 주고받을 때 자신을 '킹킨나투스'Cincinnátus라고 칭했다. 고대 로마에서 일신의 영달을 추구하지 않고 사회의 공익을 위해 행동했던 정치가의 이름을 딴 것이었다. 이것은 스노든이 표준적 행복의 공식과는 한참 먼 형태로 자신의 이상과 본보기를 세웠다는 사실을 보여주는 단서였다. 다른 시대와 다른 문화는 요즘 우리가 묻는 것과는 다른 질문을 던지곤 했다. 내가 삶에서 행할 수 있는 가장 의미 있는 일은 무엇일까? 나는 세상과 공동체에 어떻게 기여할 수 있을까? 나는 내 원칙을 지키면서 살고 있는가? 내가 세상에 남길 유산은 무엇일까? 내 삶은 어떤 의미일까? 요즘 우리의 행복에 대한 집착은 이런 다른 질문들을 던지지 않으려는 방편일지도 모른다. 우리 삶이 얼마나 광활할 수 있는지, 우리 노력이 얼마나 효과적일 수 있는지, 우리 사랑이 얼마나 넓을 수 있는지를 모른 척하는 방법일지도 모른다.

행복에 대한 질문의 핵심에는 한가지 역설이 있다. 조지메이슨 대학의 심리학 교수 토드 카시던Todd Kashdan은 몇 년 전 쓴 글에서 행복이 중요하다고 생각하는 사람일수록 우울해지기 쉽다는 사실을 드러낸 연구들을 소개했다. "행복을 인생의 최우선 목표로 정하고 좀더 행복해지려는 노력을 중심에 두어 삶을 꾸리는 것은 실제로 행복해지는 데 오히려 방해가 된다."

그때 영국에서, 나는 결국 랍비적 순간을 실천했다. 시차를 극복한 뒤, 어느 무대에서 노래하는 듯 고상한 말투를 지닌 여성과 인터뷰를 하게 되었다. 그는 트릴처럼 울리는 목소리로 내게 물었다. "그러니까 인류에게 상처받아서 자연으로 도피하셨던 거군요?" 그의 숨은 말뜻은 분명했다. 내가 유달리 한심한 인간 표본이자 무리에서 벗어난 이탈자라는 뜻이었다. 나는 청중에게로 몸을 돌려서 이렇게 말했다. "여기, 인류에게 상처받아보신 분 있나요?" 모든 사람들이 나와 함께 웃음을 터뜨렸다. 그 순간 우리는 알고 있었다. 우리는 모두 이상한 사람들이라는 사실을, 우리는 모두 한 배를 탄 처지라는 사실을, 자신의 괴로움을 말하되 그것으로 남들을 괴롭히지 않는 법을 배우는 것도 우리가 하려는 일의 일부라는 사실을. 사랑도 그렇다. 사랑도 더없이 다양한 형태로 존재하며, 더없이 많은 것들에게 행해질 수 있다. 삶에는 물어볼 가치가 있는 질문들이 많다. 하지만 우리가 현명하다면, 모든 질문에 꼭 답이 필요한 건 아니라는 사실도 이해할 수 있을 것이다.

〔2015〕

THE MOTHER OF ALL QUESTIONS

침묵의 짧은 역사

가장 후회했던 것은 내 침묵이다. (…)
그리고 세상에는 깨어져야 할 침묵들이 너무나 많다.
— 오드리 로드Audre Lorde

1. 군도를 둘러싼 바다

침묵은 금이라고, 어릴 때 나는 들었다. 나중에는 모든
것이 바뀌었다. 침묵은 죽음이라고, 에이즈를 둘러싼 방기
와 억압에 맞선 퀴어 활동가들은 거리에서 외쳤다. 침묵은
말해지지 않은 것, 말할 수 없는 것, 억압된 것, 지워진 것,
들리지 않는 것으로 이루어진 바다다. 그 바다는 말하도
록 허락된 사람, 말해질 수 있는 것, 들어주는 사람으로 이
루어진 섬들을 에워싸고 있다. 침묵은 여러 이유에서 여러
방식으로 일어난다. 우리는 누구나 말하지 않은 말로 이루
어진 자신만의 바다를 갖고 있다.

영어에는 뜻이 겹치는 단어가 수두룩하지만, 이 글의 목
적을 위해 여기서는 **침묵**silence을 강요된 것으로 정의하고
고요quiet는 추구된 것으로 여기자. 고요한 장소의 조용함,

스스로 마음을 가라앉히는 조용함, 말과 소란으로부터 물러나는 조용함은 겁박이나 억압으로 조성된 침묵과 음향학적으로는 같을지라도 심리적으로나 정치적으로는 전혀 다르다. 평온과 성찰을 추구하기 때문에 말해지지 않는 것과 위협이 세거나 장벽이 높기 때문에 말해지지 않는 것의 관계는 헤엄과 익사의 관계와 같다. 고요와 소음의 관계는 침묵과 소통의 관계와 같다. 듣는 사람의 고요함은 남들이 말할 여지를 제공한다. 읽는 사람의 고요함이 책장에서 단어를 받아들이는 것, 종이의 하얀색이 잉크를 받아들이는 것과도 비슷하다.

"우리는 화산이다." 어슐러 K. 르귄Ursula K. Le Guin은 이렇게 말했다. "우리 여자들이 우리의 경험을 우리의 진실로, 인간의 진실로 내놓으면 모든 지도가 바뀐다. 새로운 산맥들이 생긴다." 바다 밑 화산과 같은 새로운 목소리들이 망망대해에서 분출하면, 새로운 섬들이 탄생한다. 이것은 격렬한 사건이자 놀라운 사건이다. 세상이 바뀐다. 침묵은 사람들이 의지가지없이 괴로워하도록 만들고, 위선과 거짓이 자라고 번성하도록 허락하고, 범죄가 처벌되지 않도록 돕는다. 인간다움에서 목소리가 중요한 특징이라면, 목소리 없는 자가 되는 것은 인간다움을 상실하거나 자신의 인간다움으로부터 차단되는 것이다. 침묵의 역사는 여성의 역사에서 핵심적인 문제다.

언어는 우리를 잇지만 침묵은 우리를 나누어, 말이 호소하거나 끌어낼 수 있는 도움, 연대, 그도 아니면 단순한 교감조차 잃은 처지로 내몬다. 어떤 나무 종들은 땅속에서 뿌리를 넓게 뻗음으로써 낱낱의 그루터기들을 하나로 잇고 개개의 나무들을 좀더 안정된 덩어리로 엮어 바람에 쉬이 쓰러지지 않도록 한다. 이야기와 대화는 그 뿌리와 같다. 지난 세기 동안 인간이 스트레스와 위험에 대처하는 반응은 "맞서거나 도망치거나" 둘 중 하나라는 게 정설이었다. 그런데 2000년 UCLA의 심리학자들은 그런 연구가 대체로 수컷 쥐와 인간 남성을 대상으로 진행되었다는 점을 지적했다. 심리학자들은 그래서 여성을 연구했고, 자주 채택되는 세번째 선택지가 있다는 사실을 밝혔는데, 그것은 여럿이 한데 뭉쳐서 연대와 지지와 조언을 나누는 것이었다. 연구자들에 따르면, "행동 면에서 암컷들의 반응은 '살피고 돕는' 패턴이 좀더 뚜렷했다. 살피는 행동이란 자신과 자식을 보호하는 유익한 활동으로 안전을 증진하고 스트레스를 줄이는 것을 말한다. 돕는 행동이란 그 과정에서 도움이 될 수도 있는 사회관계망을 만들고 유지하는 것을 말한다." 이런 활동은 말을 통해서, 자신의 고충을 이야기하는 것을 통해서, 경청되는 것을 통해서, 자신이 살피고 돕는 사람들의 반응에 담긴 연민과 이해를 느끼는 것을 통해서 이루어지는 경우가 많다. 여자들은 이런 활동을 하는 것은 물론이거니와 남자들보다 더 일상적으로 하는 듯하다. 이것은 내가 대처하는 방식이다. 아니, 내가 대처할 수 있도록 공동체가 나를 돕는 방식이다. 이제 내게는 그런 공동체가 있으니까.

자신의 이야기를 말할 수 없는 것은 살아 있는 죽음이나 다름없고, 가끔은 말 그대로 살아 있는 죽음이다. 전남편이 당신을 죽이려 한다고 말하는데도 아무도 들어주지 않을 때, 고통을 겪고 있다고 말하는데도 아무도 믿어주지 않을 때, **도와달라**고 말하는데도 아무도 들어주지 않을 때, **도와달라**는 말조차 감히 할 수 없을 때, **도와달라**는 말로 남들을 귀찮게 하면 안 된다는 교육을 받아왔을 때 그렇다. 모임에서 당신이 입을 여는 건 주제넘은 짓으로 간주될 때, 유력 단체에 가입하는 게 허락되지 않을 때, 여자는 그 자리에 있어서도 목소리를 내서도 안 된다는 속뜻을 담은 부당한 비판을 받을 때 그렇다. 이야기는 삶을 구한다. 그리고 이야기가 곧 삶이다. 우리는 곧 우리의 이야기다. 감옥이 될 수도 있고, 그 감옥 문을 어그러뜨려 여는 쇠지레가 될 수도 있는 이야기다. 우리는 자신을 구하기 위해서, 혹은 자신이나 타인을 가두기 위해서 이야기를 짓는다. 이야기는 우리를 고무시키고, 때로는 자신의 한계와 두려움이라는 돌벽에 우리를 내던진다. 해방은 늘 부분적으로나마 이야기를 짓는 과정이다. 이야기를 깨뜨리고, 침묵을 깨뜨리고, 새 이야기를 짓는 과정이다. 자유로운 사람은 자신의 이야기를 스스로 말한다. 가치를 인정받는 사람이 된다는 것은 자신의 이야기가 설 자리가 주어지는 사회에서 산다는 것이다.

여성에 대한 폭력은 종종 여성의 목소리와 이야기에 대한 폭력이다. 그것은 여성의 목소리를 거부하는 것이고, 그 목소리의 의미를, 즉 자주적으로 결정하고, 참가하고, 동의하거나 반대하고, 살며 참여하고, 해석하고 이야기할 권리를 거부하는 것이다. 남편은 아내를 때려서 침묵시키고, 강간을 저지르는 데이트 상대나 지인은 피해자의 "싫다"는 말이 자기 몸에 대한 권한은 자신에게만 있다는 뜻임을 인정하기를 거부하고, 사회의 강간문화는 여자의 증언에는 가치도 신뢰성도 없다고 선언하며, 낙태 반대 운동가들은 여성의 자기결정권마저 침묵시키려고 하며, 살인자는 여자를 영원히 침묵시킨다. 이는 모두 피해자에게는 아무 권리도 가치도 없으며 피해자는 동등한 인간이 아니라고 선언하는 행동이다. 여성을 침묵시키는 행위는 좀더 사소한 방식으로도 벌어진다. 어떤 여자들은 온라인에서 끈덕진 괴롭힘을 겪다가 입을 닫아버리고, 대화 중에 상대가 끼어들거나 말을 가로채는 일을 겪으며, 얄보이거나 깔보이거나 무시당한다. 목소리를 갖는 건 중요한 일이다. 그것이 인권의 전부는 아니지만 핵심이다. 따라서 우리는 여성의 권리와 그 결핍의 역사를 침묵과 그 침묵을 깨는 일의 역사로 이해해도 좋을 것이다.

가끔은 말·언어·목소리가 소속과 인정을, 비인간화를 무르는 재인간화를 일으킨다. 그럴 땐 그것들이 그 자체로 사태를 바꾸는 셈이다. 가끔은 그것들이 규칙, 법, 체제를 바꿔서 정의와 자유를 구축하는 데 필요한 선결 조건이다. 또 가끔은 말할 수 있고, 경청되고, 신뢰받는 것이 어느 가족, 공동체, 사회에 소속되는 데 결정적인 요소이다. 가끔은 우리의 목소리가 그런 것들을 깨뜨린다. 가끔은 그런 것들이 감옥이기 때문이다. 그럴 때 마침내 말이 말할 수 없음을 깨뜨리고 나오면, 사회가 이전까지는 용인하던 것이 더는 용인할 수 없는 것이 된다. 자신이 직접 그 영향을 받지 않는 사람들은 인종차별, 경찰의 무자비함, 가정폭력의 충격을 보지도 느끼지도 못할 수 있으나, 이야기는 그런 사람들도 그런 곤란을 절실히 느끼도록 만듦으로써 더 이상 외면할 수 없도록 만든다.

목소리라고 할 때 나는 말 그대로 목소리만을 — 성대가 낸 소리가 타인의 귀에 들리는 현상만을 — 뜻하는 게 아니다. 입을 여는 능력, 참여하는 능력, 자신을 권리를 지닌 자유로운 인간으로 여기고 남들에게도 그렇게 인식될 능력까지 다 뜻하는 것이다. 여기에는 말하지 않을 권리도 포함된다. 정치범에게 고문으로 자백을 강요당하지 않을 권리가 그런 권리이고, 어떤 남자들이 젊은 여자들에게 그러듯이 낯선 사람이 우리의 관심과 아양을 요구하며 그것을 내놓지 않으면 혼내주겠다는 태도로 다가올 때 우리가 그의 바람을 충족시키지 않을 권리도 그런 권리이다. 우리가 목소리라는 개념을 주체성의 개념으로 확장한다면, 힘과 무력함이라는 좀더 폭넓은 문제까지 여기에 포함된다.●

지금까지 목소리가 들리지 않았던 사람들은 누구일까? 바다는 넓디넓어, 그 표면을 지도로 작성하기란 불가능하다. 우리는 공식적인 주제에 관해서 대체로 누구의 목소리가 들렸는지는 안다. 지난 수백년 동안 누가 공직에 오르고, 대학에 들어가고, 군대를 지휘하고, 판사와 배심원을 맡고, 책을 쓰고, 제국을 운영했는지는 안다. 20세기 이후 이루어진 수많은 혁명 덕분에 그 상황이 조금은 바뀌었다는 것도 안다. 식민주의에 대항한, 인종차별에 대항한, 여성혐오에 대항한, 동성애혐오가 가하는 숱한 강제적 침묵

● 문화역사학자 조엘 디너스타인(Joel Dinerstein)이 '아메리칸 쿨' 프로젝트차 조사할 때 그와 이야기를 나눈 적이 있다. 그때 나는 그에게 왜 그 목록에 여자가 그렇게 적으냐고 물었는데, 문자마자 스스로 답을 깨달았다. 남성적 쿨함의 고갱이라고 할 수 있는 태도, 즉 상대에게 먼저 손을 내밀거나 반응하기를 거부하는 태도를 만일 여자가 취한다면 긴장증의 징후라거나 용납할 수 없는 오만함으로 해석되는 경우가 많을 것이기 때문이다. 남자가 하면 쿨한 것이 여자가 하면 차가운 것이 된다.

에 대항한 혁명들, 그밖에도 하고많은 혁명들 덕분이었다. 우리는 20세기 미국에서 계급이 조금 평평해졌다가 세기 말로 갈수록 소득 불평등, 사회적 유동성 위축, 새로운 극단적 엘리트의 부상 때문에 도로 강화되었다는 것을 안다. 가난은 침묵시킨다.

지금까지 목소리가 들렸던 사람들이 누구인지는 우리가 안다. 그런 사람들이 지도로 잘 작성된 섬들이라면, 나머지는 목소리가 들리지 않은 사람들의 지도화될 수 없는 바다이다. 기록되지 않은 인류이다. 지난 수백년 동안 많은 사람들의 목소리가 들리고 사랑받았으며, 그들의 말은 비록 입에서 나오자마자 허공에서 사라졌지만 그래도 사람들의 마음에 뿌리를 내리고 문화에 기여했다. 무언가가 썩어서 비옥한 거름이 되는 것처럼, 그 말들에서 새로운 것이 자라났다. 한편 또다른 많은 사람들은 침묵당하고, 배제당하고, 무시당했다. 지구는 10분의 7이 물이라지만, 침묵과 목소리의 비는 그보다 훨씬 더 크다. 만약 도서관이 지금까지 들려온 모든 이야기를 담고 있다면, 지금까지 말해지지 않은 모든 이야기를 담은 유령의 도서관도 있을 것이다. 유령들의 수는 상상조차 어려울 만큼 큰 차이로 책들보다 더 많을 것이다. 목소리를 냈던 사람들도 종종 전략적 침묵이나 특정 목소리를 듣지 않는 불능을 통해서 그 특권을 얻었으며, 그렇게 침묵되는 목소리에는 그 자신의 목소리도 포함되었다.

해방 투쟁은 일면 과거에 침묵당했던 사람들이 말하고 경청되는 조건을 만들어내는 활동이었다. 어느 영국 여성이 내게 알려준 바에 따르면 최근 영국에서는 나이 든 남자 수감자가 늘고 있다고 한다. 이전에는 제 말을 기꺼이 들어주는 사람이 아무도 없었던 수많은 피해자들이 이제 과거에 당했던 성추행 경험을 털어놓고 있기 때문이다. 영국에서 가장 악명 높은 사례는 BBC 방송인으로 작위와 칭송을 받았으며 유명인사였던 지미 새빌Jimmy Savile 사건이다. 새빌이 죽은 뒤 450명이 넘는 사람들이 그를 성추행으로 고발했는데, 대부분 어린 여자들이었지만 그보다 더 어린 소년들과 성인 여자들도 있었다. 450명이나 되는 사람들의 목소리가 이전에는 들리지 않았던 것이다. 그들은 아마 자신에게 말할 권리가 있다는 생각, 심지어 반대할 권리나 신뢰받을 권리가 있다는 생각조차 해보지 못했을 것이다. 자신에게는 아예 그런 권리가 없다고, 자신은 목소리 없는 사람이라고 생각했을지도 모른다.

본명이 존 라이던John Lydon인, 섹스피스톨스의 조니 로튼Johnny Rotten은 1978년 BBC 인터뷰에서 새빌에 대해 이렇게 말했다. "그가 별의별 추잡한 짓을 다 저지른다는 건 모두가 아는 사실이지만, 그 사실을 입 밖에 내는 건 허락되지 않죠. 나도 들은 소문이 있어요. 하지만 전혀 공개되지 못할 거라고 봅니다." 라이던의 저 말은 미편집 인터뷰가 공개된 2013년에야 알려졌고, 그즈음 영국 유력 정치인들이 관여된 다른 소아성애자 패거리들에 대한 소문도 수면으로 떠올랐다. 많은 범죄는 아주 오래전 저질러진 것이었다. 몇몇 경우에는 아동 피해자들이 결국 사망했다고 했다. 공인들에 관한 추문은 보통의 경우에는 좁은 영역에서 조용히 펼쳐지고 마는 드라마, 누구의 이야기가 우세할 것인가에 대한 드라마가 전국적·세계적으로 확대된 버전이다. 그런 사건은 사람들의 대화를 끌어내기 때문에, 종종 여론의 향방을 바꾸는 계기가 된다. 가끔은 그런 사건이 기반을 닦아준 덕분에 다른 피해자들이 나서서 다른 피해와 다른 범죄자에 대해 입을 연다. 최근에는 이 과정이 소셜미디어를 활용하는 방향으로 진화하여, 소셜미디어에서 공동재판정과 집단증언, 상호지지를 꾸려낸다. 이는 앞에서 말했던 "살피고 돕는" 행동에 해당한다고 볼 수 있을 것이다.

침묵은 지난 수십 년 동안 포식자들이 구속받지 않은 채 제멋대로 날뛰도록 허락해주었다. 마치 유력 남성 공인들의 목소리가 남들의 목소리를 싹 잡아먹어 없애는, 이야기의 식인 행위가 벌어져온 것 같았다. 그들은 피해자를 물리치기 위해서 피해자를 목소리 없는 사람으로 만들었고, 피해자가 못 믿을 말을 늘어놓는다는 누명을 씌웠다. 못 믿을 말이라는 건 힘을 가진 자들이 그 말을 알고 싶지도 듣고 싶지도 믿고 싶지도 않는다는 뜻, 피해자가 목소리를 갖는 걸 바라지 않는다는 뜻이었다. 사람들은 경청되지 않음으로 인해 죽어갔다. 그러다 상황이 바뀌었다.

북미에서도 많은 유명인사들에 대해서 똑같은 이야기가 터져나왔다. 개중 최근의 유명한 사례라면 반세기 넘게 여러 여자들에게 직장 내 성희롱, 학대, 착취, 협박, 정신적 폭력을 가한 죄로 고발된 폭스뉴스 CEO 로저 에일스Roger Ailes, 같은 기간 동안 연속적으로 여자들에게 약을 먹여 강간해온 빌 코스비Bill Cosby, 여러 여자들에게 잔인한 폭행을 가한 죄로 고발된 캐나다의 지안 고메시Jian Ghomeshi 등이 있다. 이 힘 있는 인물들은 자신의 목소리와 신용이 피해자들의 목소리를 묻어버릴 수 있다고 생각했지만, 그러다 마침내 무언가가 터지고, 침묵이 깨지고, 이야기의 바다가 노호하며 터져나와 그들의 면책권을 휩쓸어갔다. 어떤 사람들은 증거가 압도적인 상황임에도 오히려 피해자들을 괴롭히며 위협했고, 피해자들이 내놓은 이야기의 가치를 부정할 방법을 찾으려 했다. 피해자를 믿는다는 건 곧 세상의 바탕에 깔린 가정들을 의심한다는 뜻이기 때문이다. 그것은 불편한 일이다. 그리고 많은 사람들은 자신의 편안함이 지켜져야 할 권리라도 되는 것처럼 말한다. 그 편안함이 남들의 고통과 침묵 위에 세워졌을 때조차, 아니 그럴 때일수록 더욱더.

말할 권리, 신용을 얻는 것, 경청되는 것이 일종의 부富라면, 지금 그 부는 재분배되고 있다. 오랫동안 우리 사회에는 경청되고 신뢰받는 엘리트 계급이 있었고, 목소리 없는 하층 계급이 있었다. 이제 부가 재분배되자, 충격받은 엘리트들의 몰이해가 분출하고 또 분출하는 광경이 연출되고 있다. 그들은 이 여자 혹은 이 아이가 감히 입을 열었다는 데, 사람들이 그 말을 믿어준다는 데, 그 목소리가 중요하게 여겨진다는 데, 그 사람의 진실이 유력한 남자의 권세를 끝장낼지도 모른다는 데 분개하고 경악한다. 그런 목소리들은, 만일 경청된다면, 권력 관계를 뒤집는다. 한 여성 호텔 청소원의 말은 국제통화기금IMF 총재이자 연쇄 성폭행범이었던 도미니끄 스트로스깐Dominique Strauss-Kahn의 경력이 끝장나는 과정의 출발점이었다. 여자들은 여러 분야에서 스타들의 경력을 끝장냈다. 아니, 그 스타들이 어떤 짓을 저지르더라도 피해자의 무력함 덕분에 처벌을 면할 수 있으리라고 믿고 저지른 행동으로 스스로를 끝장냈다고 말해야 옳을 것이다. 많은 가해자가 오래 처벌을 모면했고, 일부는 평생 모면했다. 그러나 이제 많은 사람은 더는 모면할 수 없을 것이란 걸 깨닫고 있다.

누구의 목소리가 들리고 누구의 목소리가 들리지 않느냐는 기성 체제를 규정한다. 자기자신의 크나큰 침묵을 대가로 치르고서 기성 체제를 받아들인 사람들은 사회의 중심부로 진출하는 데 비해, 들리지 않는 것을 구현하는 사람들이나 남들이 침묵을 밟고 상승하는 데 방해가 되는 것을 구현하는 사람들은 주변부로 쫓겨난다. 우리는 누구의 목소리에 가치를 부여할지를 재정의함으로써 사회와 그 가치들을 재정의한다.

이 책의 주제는 바로 여성에게 고유하게 나타나는 침묵과 침묵시키기의 여러 종류다. 인류의 절반 이상에게 해당되는 상황을 고유하다고 말해도 되는지는 모르겠지만 말이다. 만일 목소리를 갖는 것, 말하도록 허락되는 것, 경청되고 신뢰받는 것이 사회의 내부자나 유력자가 되는 데, 온전한 자격을 갖춘 인간이 되는 데 꼭 필요한 요소라면, 침묵이 억압의 보편 조건이며 세상에는 여러 종류의 침묵과 침묵당한 자들이 있다는 걸 깨닫는 건 아주 중요한 과제가 된다.

여성이라는 범주는 길고 너른 대로이다. 계급, 인종, 가난과 부 등 다른 많은 길들이 이 길과 교차한다. 이 대로를 걷는다는 것은 그 다른 길들과 만난다는 뜻이다. 이 침묵의 도시에 중요한 도로나 도시를 통과하는 경로가 딱 하나밖에 없는 것은 결코 아니다. 오늘날은 남성과 여성이라는 범주 자체에 의문을 제기해도 좋은 시점이 되었지만, 우리

46

는 여성혐오는 저 범주들의 사실성을 굳게 믿는 태도에서 나온다는 것(혹은 젠더마다 알맞은 역할이 따로 있다는 걸 보여줌으로써 저 범주들을 강화하려는 시도라는 것) 또한 잊지 말아야 한다.

집단학살은 대대적으로 침묵시키는 행위이고, 노예제도도 그렇다. 그리고 노예제 반대 운동은 미국 페미니즘이 발흥한 계기였다. 미국의 페미니즘은 교차점에서 탄생했던 것이다. 1840년, 엘리자베스 캐디 스탠턴Elizabeth Cady Stanton은 런던에서 열린 세계반노예제대회에 참가했다. 스탠턴은 대회에 참가하기 위해서 유럽까지 건너간 많은 여성 노예제 폐지론자들 중 한명이었다. 그러나 막상 가보니 그곳에서 여자들은 자리에 앉을 수도 입을 열 수도 없었다. 스스로 피억압자들의 대변인을 자처하는 사람들조차 너무나 오래되어 자연스럽게 느껴지는 질서에 관해서는 억압을 미처 인식하지 못했던 것이다. 논란이 일었다. 스탠턴은 자서전에서 쓰기를, 그곳에 모였던 멋진 여자들은 "남자들이 여자들의 영역에 관해서 헛소리를 늘어놓는 걸 잠자코 듣고만 있어야 했다." 스탠턴은 분개한 채 돌아왔고, 그렇게 침묵당하고 배제당한 데 대한 분노와 그로부터 얻은 통찰을 바탕으로 미국 최초의 여권운동을 탄생시켰다.

투표권 및 교육권 확보와 더불어, 시민권 투쟁의 중요한

한 부분은 예나 지금이나 유색인종을 배심원단에 포함시키는 일이다. 그들에게 온전한 참여권을 주기 위해서, 그리고 재판 받는 사람에게는 자신의 정체성과 출신을 조금이나마 이해할 만한 배심원들에게 자기 이야기를 들려줄 권리를 주기 위해서이다. "동등한 사람들로 구성된 배심원"이라는 헌법의 표현대로 말이다. 배심원단 인종 구성은 2016년까지도 연방대법원에서 논쟁된 문제였다. 젠더를 둘러싼 투쟁도 이와 비슷하다.

여성의 투표권이 미국 전역에서 인정된 지 7년이 지난 1927년에도● 여성에게 배심원을 맡기는 주는 19개뿐이었고, 1961년에도 연방대법원은 플로리다주가 기본적으로 여성에게는 배심원 역할을 맡기지 않는 것을 옹호했다. 그

● 가끔 어떤 사람들은 흑인 여성은 시민권 운동 시기가 되어서야 비로소 투표할 수 있었다고 지적한다. 그것은 남부 대부분 지역의 흑인 여성과 남성에 대해서는 옳은 말이지만, 미국 전체에 대해서는 그렇지 않다. 시카고의 흑인 여성들은 1920년 이전부터 투표 블록을 조직했다. 일리노이주에서는 여성이 1913년에 투표권을 얻었기 때문이다. 서부의 네개 주는 — 와이오밍, 유타, 콜로라도, 아이다호—19세기에 여성에게 투표권을 주었다. 물론 아시아계 여성과 원주민 여성은 20세기 들어 한참 뒤까지도 여러 방식으로 투표권을 박탈당했고, 참정권 운동에 나선 백인 여성들 중 일부는 흑인 여성을 멸시하고 배제했던 게 사실이다. 선구적 페미니스트 엘리자베스 캐디 스탠턴은 남북전쟁 후 흑인 남성의 투표권을 여성 투표권과 별개의 의제로 논하기를 원치 않았다. 즉, 스탠턴을 비롯한 여성운동의 한 분파는 그 투쟁을 지지하지 않거나 심지어 적극 반대했다. 인종차별적 투표권 박탈은 21세기 들어 다시 한번 중요한 문제로 떠올랐다.

것은 곧 그동안 젠더폭력과 차별에 관한 수많은 재판이 남성 판사가 주재하고 남성 변호사들이 변론하며 남성으로만 이루어진 배심원단이 자리한 법정에서 청취되었다는 뜻이다. 그런 환경에서 여성 피해자의 목소리는 불신되고 침묵당할 가능성이 극히 높았다(단 그가 다른 침묵당하는 집단의 일원에게 불리한 증언을 할 때는 예외였는데, 가령 가끔 백인 남성들은 흑인 남성을 공격할 무기로 백인 여성을 이용했다). 그것은 다른 많은 측면과 더불어 이 측면에서도 여성은 사회에서 목소리를 갖지 못했다는 뜻이다.

드문 예외를 제외하고는 교육과 공적 역할을 — 판사나 사제의 역할, 그밖에도 거의 모든 말하는 역할을 — 얻지 못했던 여성의 역사에서 침묵은 보편적 상황이었다. 여자들은 영혼의 집에서도 침묵했다. 사도 바오로는「고린도전서」에서 "여자들은 교회 안에서 잠자코 있어야 합니다. 그들에게는 말하는 것이 허락되어 있지 않습니다"라고 명했다. 신약성경의 다른 대목에는 이런 말이 나온다. "나는 여자가 남을 가르치거나 남자를 다스리는 것을 허락하지 않습니다. 여자는 조용해야 합니다." 미국 성공회에서 여자가 사제가 된 것은 1944년이었고, 영국 국교회에서는 1994년이 되어서였다. 미국에서 최초로 여성 랍비가 임명된 것은 1972년이었다. 가톨릭교회에서는 아직 여성이 사제로 임명된 예가 없다.

여자들은 법정에서도 침묵했다. 미국 연방대법원에서 여성이 처음 대법관으로 임명된 것은 1981년이었고, 현재는 여성 대법관이 전체의 3분의 1을 차지하는데 이게 역사상 제일 많은 수다. 지상의 수많은 귀족들을 훈련시켜 온 하버드 법대에 처음 여성이 입학을 청원한 것은 1871년이었고, 처음 여성이 입학을 허가받은 것은 1950년이었다. 세계적 권력 동맹이 형성되는 무대인 아이비리그 대학들에서도 여성은 대체로 입학을 거부당했다. 예일의 첫 여성 졸업생은 1969년 입학했다. 게다가 여자들이 그 대학에서 받은 대접은 어찌나 적대적이었던지, 1977년에는 전국 최초로 1972년 교육수정법 제9장에 입각하여 교수들의 학내 성희롱과 강간을 고발한 '알렉산더 대 예일' 소송이 제기되었다. 그 소송이 선례가 되어, 이후 전국의 모든 대학은 성적 학대를 차별로 다루게 되었다(하지만 변화가 충분하진 않았다. 39년 뒤인 2016년 여름, 철학자 169명은 예일대 교수 토머스 포게Thomas Pogge가 27년간 저지른 것으로 밝혀진 성희롱을 규탄하는 성명서를 발표했는데, 포게의 전공은 윤리학이다).

새로운 인식에는 새로운 언어가 필요하다. 페미니즘은 개개인이 외따로 겪고 있던 경험들을 묘사할 단어를 숱하게 만들었고, 덕분에 1960년대와 1970년대에는 여성들의 이야기가 봇물 터지듯 쏟아지기 시작했다. 1975년 수전 브라운밀러Susan Brownmiller는 데이트 강간이라는 용어를 만들었다. 성희롱이라는 용어는 1974년 메리 로Mary Rowe가 MIT에서 횡행하는 나쁜 행위를 묘사하기 위해서, 혹은 1975년 한 무리의 여성들이 코넬대에서 횡행하는 똑같은 문제를 지적하기 위해서 만들었던 것 같다. 전설적 변호사 캐서린 매키넌Catherine MacKinnnon은 1979년에 출간한『일하는 여성들이 겪는 성희롱』*Sexual Harassment of Working Women*에서 용어의 개념을 발전시켰다. 그러나 저 용어와 그 이면의 개념들이 대중에게 정말로 널리 알려진 것은 1991년 클래런스 토머스Clarence Thomas 청문회에 출연한 애니타 힐Anita Hill 덕분이었다. 1993년 오클라호마와 노스캐롤라이나는 미국에서 꼴찌로 배우자 강간을 범죄로 규정한 주가 되었다. 자신의 몸에 대한 권한을 자신이 갖지 못하는 건 일종의 침묵이다. 그것은 그 사람의 말을 무가치한 것으로 만드는 한 방편이고, 무가치한 말은 심지어 침묵보다 더 나쁘다. 그런 말을 했다는 이유로 처벌받을 수도 있기 때문이다.

2. 모든 남자는 섬이다: 남성의 침묵

가부장제가 지배하는 곳이라면 어디든 침묵이 있지만, 그 가부장제는 남성과 여성에게 각기 다른 침묵을 요구한다. 젠더의 단속 행위를 상호침묵을 조성하는 일로 이해하면, 남성의 침묵은 힘과 소속의 자격을 얻기 위한 대가라는 걸 알 수 있다. 이 점을 가장 잘 설명한 사람은 벨 훅스 bell hooks였다.

가부장제가 남자들에게 요구하는 첫번째 폭력 행위는 여성에 대한 폭력이 아니다. 그 대신 가부장제는 모든 남자에게 정신적 자기절단을 행할 것을, 자신의 감정적 부분을 도려낼 것을 요구한다. 만일 자신을 감정적으로 불구화하는 데 성공하지 못한 남자가 있다면, 가부장제의 다른 남자들이 그의 자존감을 공격하는 힘의 의식을 틀림없이 거행해준다.

요컨대 가부장제는 먼저 남자들로 하여금 스스로를 침묵시킬 것을 요구한다(그리고 이 대목에서 다시금 지적해둘 점은, 가부장제가 비록 남자들과 남성성에게 특권을 주기는 해도 많은 여자들도 그 체제에 공모하고, 일부 남자들은 반항하고, 어떤 사람들은 아예 그 체제를 떠받치는 젠더 규칙 자체를 해체하려고 노력한다는 것이다). 그것은 곧 남들 앞에서 침묵할 뿐 아니라 스스로에게도, 자신의 내면과 자아에 관련된 측면들에 대해서도 침묵하는 법을 익힌다는 뜻이다.

훅스의 글을 읽으면서 나는 소름이 돋았다. 이것은 호러 영화나 좀비 영화의 플롯과 같다는 사실이 번득 떠올랐다. 죽은 자는 산 자를 찾아내어 감정을 말살한다. 표적을 자신들과 똑같이 무감각한 자로 만들어서 자신들의 무리에 합류시키기도 하고, 표적을 위협하고 공격해서 침묵시키기도 한다. 침묵의 땅을 세 영역으로 나눈다면, 내면으로부터 부과된 침묵, 외부로부터 부과된 침묵, 그리고 마지막은 아직 명명되지 않은 것, 인식되지 않은 것, 묘사되지 않은 것, 허용되지 않은 것을 둘러싼 침묵일 것이다. 하지만 이 침묵들은 별개가 아니다. 침묵들은 서로 강화한다. 말할 수 없는 것은 알려질 수 없는 것이 되며, 그 역도 마찬가지다. 그러다가 문득 균열이 발생하는 시점까지는.

온전한 감정을 포기하는 것은 남자들이 힘을 얻고자 치르는 대가이고, 포기는 일찍 시작된다. 한번은 내가 막 다섯살 된 남자 조카에게 최대한 중립적인 태도로 왜 이제는 분홍색을 좋아하지 않느냐고 물었다. 아이는 그게 무슨 뜻인지를 정확히 알았다. "여자애들은 좋아요. 하지만 여자애 같은 건 싫어요." 아이는 어떤 게 여자애 같은 건지를 알았고, 그런 것이 자신을 규정하도록 놔둬서는 안 된다는 것도 알았다. 아이는 심지어 벌써 그런 것을 멸시하고 있었고, 곧 「마이 리틀 포니」(여성 캐릭터들이 주역인 아동용 만화 시리즈—옮긴이)를 비난하는 말을 늘어놓기 시작했다.

다섯살은 그런 공격에 노출되기에 이르다고 생각했던 나

는, 친구가 곧 낳을 남자아이의 물건을 사러 갔다가 사람들은 태어날 때부터 젠더 역할에 사로잡힌다는 사실을 새삼 깨달았다. 여자아이는 귀여운 것, 예쁜 것, 호감 가는 것, 수동적이라고 할 만한 것을 받는다. 따뜻한 색깔, 고양이나 꽃이나 화려한 장식을 받는다. 반면 남자아이는 거리감이 있는 것을 받는다. 차가운 색깔과 활동적인 형상인데, 그 형상은 종종 위협적이거나 친밀감과 감정이 제거되어 있다. 스포츠 선수, 공과 배트, 로켓, 파충류나 공룡이나 상어 같은 냉혈동물. 마지막은 타인의 보살핌에 의지해야 하는 무력한 포유류를 위한 선택으로는 좀 희한해 보인다.

남성성이란 거대한 포기다. 분홍색을 포기하는 건 사소한 일이지만, 성공적으로 남성화한 남자아이들과 남자들은 일상에서 감정, 표현력, 감수성, 그밖의 온갖 가능성을 포기한다. 남성화된 영역에서 ─ 스포츠, 군대, 경찰, 모든 인력이 남자인 건설 현장이나 자원 채취 현장 ─ 살아가는 남자들은 그곳에 소속되기 위해서 그보다 더 많은 것들까지 포기한다. 여자는 남자보다 폭넓은 감정의 가능성을 간직할 수 있지만, 일부 격렬한 감정, 숙녀답지 않고 고분고분하지 않은 감정, 그밖의 많은 것을 ─ 가령 야망, 비판적 지성, 독자적 분석, 반대, 분노를 ─ 표현하는 행위는 장려되지 않거나 손가락질 당한다. 요컨대 침묵은 어디에나 작용하는 힘이고, 서로 다른 범주의 사람들에게 고르지 않게 분포되어 있다. 기성 체제는 항상성을 유지하는 그 침묵들에 의존하여 존속한다.

여성혐오와 동성애혐오는 둘 다 가부장제가 아닌 것에 대한 혐오다. "이성애는 왜 생길까요?" 25년 전 '퀴어 네이션'이 동성애혐오에 반대하는 캠페인을 벌였을 때 내가 살던 도시 거리에 나붙었던 스티커 중 하나는 저렇게 물었다. 통상적인 질문을 뒤집은 저 영리한 질문은, 이성애 역시 사회적으로 구성된 선호이므로 의문을 벗어난 당연한 규범으로 간주될 게 아니라는 점을 지적했다. 나는 운 좋게도 열세살 때부터 게이 남성들, 즉 이성애적 남성성의 세뇌에 저항해온 남성들을 알고 지냈다. 그들이 저항했던 이유는 이성애적 남성성의 특권 가운데 적어도 일부는 그들에게 금지되었거나, 그들에게 흥미롭지 않게 느껴졌거나, 대가를 치를 가치까지는 없다고 느껴졌기 때문이다. 혹은 성적인 거부가 다른 것에 대해서도 거부할 가능성을 열어주었기 때문이다. 그들과 알고 지내며 남자도 충분히 다른 존재가 될 수 있다는 사실을 인식하게 되었고, 이후에도 나는 계속 그런 남자들을 만났다.

내 인생의 게이 남자들은 내가 아는 대부분의 이성애자 남자들보다 더 온전한 인간인 경우가 많은 듯했다. 게이 남자들은 모든 감정을 온전히 경험하고 표현하는 능력도, 남들의 감정을 이해하고 인정하는 능력도 더 뛰어났다

(게다가 의미의 미묘한 뉘앙스와 색조를 파악하는 능력을 나 같은 이성애자보다 더 탁월하게 연마한 것은 물론이려니와 그것을 재치 있게 표현하는 능력도 갖춘 경우가 많았다). 그들은 가부장제의 전쟁에서 도망친 탈주병들이었고, 우리가 유머라고 부르는 양안시兩眼視, 즉 상황의 현상태와 상황이 실제로 취해야 할 꼴 사이의 간격을 인식하는 능력을 갖춘 사람들이었다.

드랙퀸에서 미화된 과잉 남성성까지 다채로운 스펙트럼을 품고 있는 게이 문화, 남자들이 스스로를 남자의 시선의 대상으로 인식하는 문화에서는 늘 남성성이라는 개념 자체가 의문시된다. 그 밑에는 정체성이란 무릇 우리가 입는 의상이라는 생각이 깔려 있고, 그 생각 너머에는 우리가 스스로 되고 싶은 것은 무엇이든 허락하는 관용이 깔려 있다. 물론, 범주를 불문하고 모든 인간에게는 끔찍한 인간이 될 권리도 있다. 어떤 사람의 인종, 계급, 종교, 젠더와 마찬가지로 그의 성적 지향에서 반드시 해방이나 통찰이 따라 나오는 건 아니다. 그러니 나는 지금 모든 게이 남성이 그렇다고 말하는 게 아니다. 내 친구들과 공동체는 그렇다고 말하는 것이다.

주류 이성애 문화에서 여성은 남들을 위해 대신 감정을 간직하고 표현하는 노동을 수행해왔다. 내가 어릴 때 남자친구와 함께 여행을 떠난 적이 있는데, 친구의 아버지는 그때 우리를 배웅하면서 이렇게 말했다. "연락해라. 네 엄마가 걱정할 테니까." 어머니는 아버지가 표현하지 못하는 감정을 대신 맡는 역할이었다. 어머니는 인정해도 좋은 감정들을 갖고 있었다. 어머니는 수다로 가정의 침묵을 메우는 사람, 그럼으로써 가족들을 하나로 이으려고 애쓰는 사람, 그리고 착하지만 과묵한 남자들, 나쁜 점이라고는 기껏 감정 표현을 거북하게 느끼며 소통은 자기 일이 아니라고 느끼는 점잖은 남자들이 가득한 집에서 유일하게 열린 존재가 되려고 애쓰는 사람이었다.

감정이 죽어야만 하는 것이라면, 살해의 표적은 여성이 되기 쉽다. 상대적으로 덜 점잖은 남자들은 나약함을 적극적으로 사냥한다. 남자가 된다는 것이 나약함에 대한 혐오를 익히는 것이라면, 자기 내면의 나약함은 물론이고 자신을 대신해서 그 나약함을 품어주는 젠더의 나약함까지 혐오하게 되기 때문이다. 여자애 같다거나 계집애 같다는 말은 오래전부터 남자아이나 성인 남자에게 모욕으로 쓰였고, 게이 같다거나 호모 같다는 말도 마찬가지였다. 남자는 여자 같아서는 안 되고, 울어서는 안 되고, 약해서는 안 된다고 했다. 게이 같아 보이면 어쩌나 하는 두려움은 또한 자신이 지배하고 삽입하는 게 아닌 방식으로, 오히려 삽입을 당하고 동등해지고 개방된 방식으로 성애화되면 어쩌나 하는 두려움이었다. 개방성을 강함이 아니라 약함으로 보는 시각이었다. 고대 그리스와 현대 몇몇 문화에서는 남성성을 삽입하는 남자가 되는 것으로 정의했다. 삽입당하는 남자 혹은 여자가 된다는 것은 비천해지는 것, 즉 남성적이지 않은 것이다. 그렇다면 이성애자 여성은 영원히 비천한 상태에 머무는 셈이고, 삽입자는 상대를 비하하는 자가 되는 셈이다. (중세 아이슬란드에서 "트롤한테 여자처럼 당할 놈"이라는 욕은 워낙 치명적이라서, 모욕당한 쪽에게 상대를 죽일 권리가 법적으로 주어질 정도였다.)

사랑은 끊임없는 타협, 끊임없는 대화다. 누군가를 사랑한다는 것은 거절당하고 버려질 위험에 자신을 여는 것이다. 사랑은 얻을 순 있지만 강탈할 순 없다. 사랑은 내가 모조리 통제할 수는 없는 영역이다. 상대에게도 권리와 결정권이 있기 때문이다. 사랑은 협동하는 과정이고, 최선의 경우에 그 타협들이 즐거운 놀이가 되는 과정이다. 성폭력은 그런 나약함을 거부하는 행위인 경우가 많고, 남성을 가르치는 이런저런 지침들은 남자들로 하여금 선의로 흔쾌히 타협하는 기술을 잃게 만드는 경우가 많다. 그런 무능력과 권리의식이 악화하면, 상대를 통제하려는 분노, 쌍방의 대화를 일방적인 독백으로 바꾸려는 분노, 사랑이라는 협동 행위를 상대를 폭행하여 자신의 통제력을 확인하는 행위로 바꾸려는 분노가 된다. 강간은 두 육체 사이에 사랑 대신 혐오와 분노가 자리하는 일이다. 남성의 육체를 무기로, (이성애적 강간의 경우) 여성의 육체를 적으로 여기는 시각이다. 자신의 육체를 무기화한다는 건 어떤 것일까?

만일 당신이 협동하고 타협하고 존중하고 유념하는 법을 배우지 못했다면, 사랑하는 사람을 당신과 동등한 존재이자 양도할 수 없는 권리를 가진 존재로 여기는 법을 배우지 못했다면, 당신은 사랑하는 일에 자격이 부족하다. 최근까지만 해도 산업화된 세계의 남자들은 자신들에게 여자의 몸에 접근할 권리가 있으므로 여자가 그 권리를 방해해서는 안 된다고 생각했다. 일부 이성애자 남자들은 요즘도 여성에게 성적으로 접근하는 일이 불합리하게 성가시다고 불평한다. 얼마 전까지만 해도 미국에서는 남편에게 아내의 몸에 대한 무제한의 권리가 허락되었다는 사실, 그것은 곧 아내에게는 자기 몸에 대한 권리가 거의 없었다는 뜻이라는 사실도 기억해야 한다.

불과 몇년 전, 그것도 캘리포니아와 뉴욕에서만, 대학 캠퍼스에서 합의된 섹스란 적극적 동의가 그 기준이어야 한다는 지침이 주 차원에서 정해졌다. 이 내용이 법규로 정해지자, 미국의 (또한 런던에서 발행되는 『가디언』 웹사이트의) 많은 남자들은 양측이 모두 의식 있는 상태로 상황을 적극 선호해야 한다는 지침에 대해 분개한 비명을 질러댔다. 그 반응은 그들이 그 기준을 새로 세워진 끔찍한 장애물로 여긴다는 걸 드러냈다. 과거 기준으로는 상대가 반대만 하지 않으면 되었는데, 물론 그것은 겁박당하고, 취하고, 의식을 잃은 상태도 전부 동의로 해석한다는 뜻이었다. 달리 말해, 침묵은 동의였다. 그것은 수많은 뜻일 수 있는 침묵을 오직 한가지 뜻으로만 여기는 해석이었고, "좋아"를 이끌어내는 게 아니라 "싫어"를 명시하는 게 의무인 것처럼 여기는 해석이었다.

그동안의 방식은 강간과 가정폭력과 살인과 제도적 여성혐오를 구별하는 것이었다. 하지만 강간당하고 맞고 길에서 희롱당하고 스토킹당하는 여자들은 종종 합당한 이유에서 자신이 심지어 살해당할지도 모른다고 걱정하며, 가끔은 정말로 그들이 ─ 우리가 ─ 그렇게 된다. 폭력의 종류를 구별하는 것은 이른바 젠더폭력을 광범위하고 뿌리깊은 현상으로 논하는 데 때로 방해가 되기 때문에 그다지 유익하지 않다. 심지어 그 모두를 젠더폭력으로 싸잡아 부르는 것 역시 폭력은 목표를 이루는 수단의 한가지일 뿐이고 그밖에도 다른 수단들이 있다는 사실을 가린다는 문제가 있다. 우리 주제가 침묵이라면, 어떤 사람들이 남들을 침묵시키는 방식을 제대로 알기 위해서는 범위를 더 넓혀서 수모, 굴욕, 배제, 멸시, 비하, 협박, 그리고 사회, 경제, 문화, 법적 수단을 동원한 권력의 불평등 분배까지 아울러야 한다.

가정폭력 전문가 에번 스타크Evan Stark는 가정폭력이라는 용어 자체가 잘못되었다고 주장한다. 2009년 책 『강압적 통제: 남자는 어떻게 사생활에서 여자를 가두는가』*Coercive Control: How Men Entrap Women in Personal Life*에서 스타크는 이렇게 말했다.

> 이 책은 구타당하는 여성의 문제를 생존자들의 관점에서 재구성함으로써 폭력은 개개인의 여성을 지배할 목적으로 거의 전적으로 남성들이 저지르는 계산적이고 악의적인 행동이며, 반복되는 육체적 학대와 더불어 그에 못지않게 중요한 세가지 전략, 즉 겁박, 고립, 통제를 섞어 쓰는 행동이라고 주장하고자 한다. (…) 학대하는 남자들이 입히는 제일 큰 피해는 육체적인 것이 아니라 정치적인 것이다. 이 현상은 권리와 자원을 박탈당하는 것은 인간이 인간답고 시민답게 사는 데 결정적인 장벽이 된다는 사실을 반영한다.

스타크는 가정폭력을 납치에 비유하고 그 피해자를 인질에 비유했다. 인질은 타인과의 접촉, 이동의 자유, 돈이나 차 같은 물질적 자원으로부터 차단되는 경우가 많다. 그런 금지를 위반할 때는 가정의 독재자에게 처벌받는다. 종종 가장 위험한 시기는 강압적 통제의 피해자가 떠나려고 할 때다. 많은 피해자가 자유를 찾으려고 한다는 이유로, 혹은 자유를 찾는 데 성공했다는 이유로 살해당한다. 자유는 안전이 아닌 것이다. 스타크는 이렇게 덧붙였다.

내가 상담한 여자들이 이구동성으로 똑똑히 말했던 것은, 파트너가 자신에게 한 짓보다는 자신이 무언가를 하지 못하도록 막은 짓이 더 중요하다는 것이었다. 여자의 자원을 가로챔으로써, 사회의 지원을 약화시킴으로써, 프라이버시와 자긍심과 자율성을 누릴 권리를 해침으로써, 실질적 평등을 박탈함으로써 (…) 강압적 통제는 폭행 범죄라기보다는 자유를 훼손하는 범죄다.

배우이자 페미니즘 운동가인 퍼트리샤 아켓Patricia Arquette은 2016년 이렇게 지적했다.

여성의 저임금은 파급 효과를 낳습니다. 매일 1만명의 여자들이 가정폭력 피해자 쉼터에 들어가지 못하고 발길을 돌립니다. 가정폭력은 종종 경제적 억압의 형태를 띱니다. 남자가 여자의 주급을 매번 가로채고는 돈을 주지 않거나 질투를 못 이겨서 아예 일하러 나가는 걸 허락하지 않는 겁니다. 학대자에게 돌아가는 여자들이 밝힌 이유는 첫째가 경제적 불안정입니다. 아이가 딸린 경우도 많습니다.

우리는 스타크의 관점을 더 확장하여, 여성이 겪는 다양한 형태의 공격을 — 친밀한 파트너뿐 아니라 낯선 사람이나 아는 사람이, 정치인이나 국가가 가하는 공격까지 — 모두 강압적 통제로 봐도 좋을 것이다. 생식권에 대한 쉼 없는 공격은 — 낙태뿐 아니라 피임, 가족계획, 성교육에 대한 접근성까지 겨냥한다 — 강압적 통제를 제도로 수행하려는 시도다. 폭력도 가끔 관여하지만, 강압의 수단은 그밖에도 많다. 징벌적이고 여성의 권리를 부정하는 법률을 만드는 것도 한 수단이다. 쉽게 눈치챌 수 있듯이, 태아를 품은 여성의 권리보다 태어나지 않은 아기의 권리에 집중하는 척하는 법률은 사실 여성의 몸에 대한 남성과 국가의 권리에 집중하는 법률이다. 역시 쉽게 눈치챌 수 있듯이, 피임과 낙태를 금지하려는 시도는 사실 여성의 자율성, 주체성, 섹스의 의미를 스스로 선택할 권리, 자기 몸을 통제할 권리, 어머니됨이라는 엄청난 과업을 짊어지지 않은 채 쾌락과 유대를 추구할 권리, 달리 말해 자기 방식대로 어머니됨을 선택할 권리에 대한 공격이다.

만연한 젠더폭력과 성폭력은 그런 위협이 일상의 배경이 되고, 모든 책장에 달린 각주가 되고, 모든 하늘에 걸린 구름이 된 세상을 헤쳐나가야 하는 사람들의 자유와 자신감을 깎아내린다. 그것은 흔히 '욕망의 범죄'라고 불리지만 그보다는 오히려 통제하려는 분노, 힘의 구조를 강화하거나 재건하려는 분노에서 나온 범죄다. 많은 가정폭력 살인은 떠나겠다고 선언한, 떠나려고 시도한, 실제로 떠난 여자에게 가하는 처벌이거나 그런 여자를 계속 통제하려는 시도다. 여자를 죽이는 것은 여자의 자유, 자율성, 힘, 목소리를 죽이는 짓이다. 자신에게 폭력을 써서든 다른 수단을 써서든 여자를 통제할 권리와 필요가 있다고 믿는 남자가 많다는 사실은 남자들이 믿는 신념 체계와 우리가 몸담은 문화에 대해 많은 것을 말해준다.

브라질에서 캐나다까지, 최근 전세계 강간범들은 자신의 성폭력 장면을 녹화하곤 했다. 강간범은 그런 동영상을 남자 친구들에게 돌려 보여주면서 자신의 행동력과 피해자의 행동력 결핍을 과시한다. 그 결과 피해자는 수모를 겪고, 프라이버시와 존엄을 스스로 통제할 능력을 잃는다 (그리고 주류 이성애 포르노는 이런 시나리오를 다양한 형태로 변주하여 재현할 때가 많은데, 이때 흥분은 이성애적 쾌락이 아니라 동성애적 힘의 과시에서 나오는 것처럼 보인다). 이런 수모로 인해 강간 생존자가 자살하고 마는 경우도 있다. 그리고 성폭행이 범죄자가 아니라 피해자에게 수치스러운 일로 여겨진다는 사실은 시사하는 바가 크다. 이런 영상은 서로 극단적으로 다른 두 세계가 공존한다는 사실을 일깨운다. 이런 영상은 법 체계에서 유통될 때는 일탈적 범죄의 증거이지만, 범죄자의 동료 집단에서 유통

될 때는 범죄자가 남성성의 규범에 순응한다는 사실을 남들에게 보여주는 증거이다.

하지만 다른 측면에서는 법과 강간범의 차이가 그다지 크지 않다. 피해자가 강간 사건으로 법정에 서거나 대학의 처리 절차를 밟을 때, 법 집행자들은 종종 피해자를 가해자처럼 취급하는 질문을 던지고, 피해자를 믿을 만하지 않은 사람으로 묘사하고, 과거의 성생활을 묻는 것을 비롯하여 사생활 침해적이고 부적절하고 음란한 질문을 던짐으로써 피해자를 의심하고 비하하는 분위기를 조성한다. 대학과 법조인들은 가끔 피해자의 장래보다 캠퍼스 강간범의 장래에 더 많은 관심을 보이고, 전자보다 후자를 더 믿어준다. 그렇다보니 많은 생존자가 법 체계와 협조하기를 내키지 않아한다. 그 결과 피해자는 법적 권리마저 잃고 침묵당하는데 강간범은 처벌받지 않은 채 빠져나가서 종종 다시 강간을 저지르고 전체 강간범의 겨우 3퍼센트만이 죄과로 복역하는 사회(즉 미국)가 만들어진다.

강압적 통제는 이렇듯 가정뿐 아니라 사회 차원에서도 벌어진다. 여자들은 피해자가 어떤 대접을 받는지를 보고 폭력의 전염병이 널리 용인되는 것을 보면서 자신은 무가치하다는 것, 입을 열면 처벌만 더 받을 수도 있다는 것, 침묵이 더 나은 생존 전략일지도 모른다는 것을 배운다. 이런 환경은 간혹 **강간문화**라는 용어로 일컬어지는데, **가정폭**

력과 마찬가지로 이 용어는 다양한 행동을 낳는 동기에 주목하기보다는 강간이라는 한가지 행동에만 주목하여 초점을 좁히는 문제가 있다. 그보다는 **가부장제**가 더 유용한 상위개념이다.

만연한 캠퍼스 강간은 이런 범죄를 저지르는 사람들이 어떤 면에서든 주변 집단으로 치부하고 넘길 수 없는 이들이라는 사실을 상기시킨다. 밴더빌트에서 스탠퍼드까지 엘리트 대학들의 남학생 사교 동아리는 대단히 악랄한 행동들이 펼쳐져온 무대였다. 매년 봄 최고의 대학들은 처벌을 모면한 수많은 강간범을 그해의 졸업생으로 세상에 내보낸다. 그들은 이런 무감각이 사회의 주변부가 아니라 핵심부의 현상이라는 것, 감정이입과 존중의 결여가 주변부 현상이 아니라 핵심부 현상이라는 것을 우리에게 일깨운다.

감정이입이란 우리가 타인을 진실되게 느끼기 위해서, 타인을 위해서 느끼거나 타인과 더불어 느끼기 위해서, 그럼으로써 자신을 넓히고 확장하고 개방하기 위해서 스스로에게 들려주는 이야기와 같다. 감정이입을 못한다는 것은 자신의 인간성의 일부를 닫아두었거나 제거해버렸다는 것, 자신을 어떤 종류의 취약함으로부터 막아두었다는 것이다. 남을 침묵시키는 것, 혹은 남의 말을 듣기를 거부하는 것은 타인에게도 인간성이 있으며 우리는 모두 이어져 있다는 사실을 인정하는 사회적 계약을 깨뜨리는 것이다.

몇십년 전 린치 장면을 찍은 사진들을 모은 책이 출간되었을 때, 나는 그 책을 보면서 고문 현장으로 아이들과 함께 소풍을 나온 백인들은 자신들의 무감각을, 자신들의 분리됨을 축하하는 거라고 생각했다. 강간 동영상이나 여성혐오적 포르노를 찍고 소비하는 사람들의 태도도 아마 그럴 것이다. 우리의 인간다움이란 이야기들로 구성되고, 만일 언어와 서사가 없는 경우에는 상상력으로 구성된다. 그 상상력이란 어떤 이야기가 내가 아니라 네게 벌어졌기 때문에 내가 말 그대로 몸소 느낄 수는 없지만 그래도 마치 내 일처럼 상상할 수 있고 내 일이 아니더라도 마음 쓸 수는 있다는 것이다. 우리는 모두 그렇게 이어져 있고 누구도 분리되어 있지 않다는 것이다. 이런 이야기들이 살해되어 침묵당하면, 감정이입을 끌어낼 수도 있었던 목소리들이 침묵되고, 의심받고, 검열받고, 말할 수 없게 되고, 들리지 않게 된다. 차별은 누군가가 어떤 측면에서든 나와 다르다는 이유로 그에게는 동일시나 감정이입을 하지 않기로 결정하는 것, 우리 서로 간의 차이가 전부이고 공통의 인간성은 아무것도 아니라고 믿는 것이다.

톰 디그비Tom Digby는 『사랑과 전쟁: 군사주의는 어떻게 섹슈얼리티와 로맨스를 형성하는가』*Love and War: How Militarism Shapes Sexuality and Romance*에서 우리 사회는 남자들에게 숱한 방식으로 압박을 가하여 군인의 관습과 기술을 취하도록 만드는 군사화된 사회라고 말했다. 남들의 죽음에, 자신이 다치거나 죽을 가능성에 둘러싸인 군인은 마음을 닫는다. 개인으로든 집단으로든 잔혹 행위를 겪고 살아남은 생존자들도 곧잘 그러는데, 그 잔혹 행위 자체도 잔혹한 짓을 자행하기 위해서 마음을 닫아버린 사람들이 저지른 경우가 많다. 로버트 제이 리프턴Robert Jay Lifton은 히로시마 원폭 생존자들을 다룬 책 『삶 속의 죽음』Death in Life에서 그런 감정적 무감각 상태를 묘사했다. 생존자들은 마음을 닫음으로써 살아남았지만, 계속 그렇게 닫힌 채로 있는 것은 산송장이 되는 것, 살아 있지 않은 것이나 다름없다는 게 리프턴의 말이었다. 이 대목에서 우리는 남자들의 "정신적 자기절단"을 비판했던 훅스의 말로 돌아온다. 어쩌면 우리가 물어야 할 질문은 살아 있는 것이 어떤 것인가, 어떻게 해야 온전히 살아 있을 수 있는가일지도 모른다.

사회는 군인을 살인기계로 만들기 위해서 감정이입 능력이 무뎌지게 하는 훈련을 시킨다. 군인은 그후 전쟁터에 파견되고, 트라우마를 안은 채 귀향한다. 그 트라우마도 말할 수 없는 것일 때가 많다. 데이비드 모리스David Morris는 자신의 트라우마를 공개한 인상적인 책 『불길한 시간』The Evil Hours에서 이렇게 말했다. "사람을 잠식하는 트라우마의 힘은 이야기를 파괴하는 능력에 일부 담겨 있다. (…) 글이든 말이든, 이야기는 하는 사람과 듣는 사람 모두에게 엄청난 치유력을 발휘한다. 정상적이고 비非트라우마적인 기억은 늘 현재진행형으로 씌어지는 자아의 이야기에 쉽게 포함되고 통합된다. 어떤 의미에서 그런 기억은 길들여진 동물과 같아, 자아가 거뜬히 통제하고 다룰 수 있다. 대조적으로 트라우마적 기억은 들개처럼 멀찍이 떨어진 채, 자아가 예측하지 못하는 방식으로 사납게 으르렁거린다."

모리스는 강간 피해자와 군인은 공통점이 많다고 지적했다. 트라우마가 삶의 이야기를 망가뜨리는 것은 그것이 기억을 산산조각냄으로써 더이상 하나의 그럴싸한 서사로 인식되지 못하도록 만들기 때문이다. 가끔은 말하는 사람 자신조차 믿지 못한다. 그래서 강간이나 여타 잔혹 행위를 겪은 생존자 중 일부의 이야기는 조각나 있기도 하는데, 그렇게 조각난 이야기는 그들이 진실되지 않고, 미덥지 않고, 신뢰할 만하지 않다는 증거처럼 보인다. 강간은 자아와 그 이야기를 박살내는 행위이다. 자아는 가끔 뒤이은 법적 절차에서 그 박살난 조각들을 하나의 일관된 이야기로 재조립하라는 요구를 받는다(하지만 지나치게 일관되어서도 안 되는데, 증언이 성공하려면 감정이 너무 과해서도 안 되지만 그렇다고 냉정하리만치 차분해서도 안 된다고 하기 때문이다). 이 분야에서 일하는 친구에 따르면, 성폭행을 신고하는 여자들은 이타적 이유에서 그러는 경우가 많다. 즉, 딴 사람에게 같은 일이 벌어지는 걸 막기 위해서다. 먼저 입을 연 사람을 지지하기 위해 뒤이어 나설 때도 있다. 요컨대, 입을 여는 것은 종종 감정이입 행위다.

모리스는 이어서 이렇게 말했다. "강간이 트라우마의 가장 흔하고 심각한 형태인데도, 외상 후 스트레스 장애PTSD 연구는 대부분 전쟁 트라우마와 퇴역 군인을 대상으로 수행된다. PTSD에 대한 지식은 대부분 남자들을 연구해서 얻은 것이다." 달리 말하자면 고통을 겪는 사람이 누구인가에 관한 침묵도 존재하고, 그 침묵이 여성을 더욱 침묵시킨다는 것이다. 침묵은 침묵 위에 건설되고, 침묵의 도시는 이야기들과 전쟁을 벌인다. 그 도시의 수많은 시민은 이미 침묵된 사람들에게 받아들여지기 위해서 스스로를 침묵시킨다. 사람들은 인간의 캐리커처에 불과한 존재로서 서로를 만나고, 서로에게 자신의 침묵과 연대를 외면하는 능력을 제공한다. 그곳에는 이야기들에 맞서는 댐과 방파제가 지어져 있다. 그러나 가끔은 그것들이 터져서 도시가 범람한다.

3. 침묵: 우리처럼 가두는 것

말 그대로 침묵하는 사람들이 있다.

"누가, 나 울부짖은들, 내 울음에 귀기울여준단 말이냐."

라이너 마리아 릴케의 『두이노의 비가』의 제1비가는 이렇게 시작한다. 그리고 세상에는 누구의 목소리도 듣지 않는 사람들, 심지어 자신의 목소리도 듣지 않는 사람들, 억압하고 망각하고 지식을 묻어버리고 그럼으로써 자신도 묻어버린 사람들이 있다. 우리가 침묵을 찾다보면, 자꾸만 죽은 사람들을 발견하게 된다. 누가 그들에게 귀기울일까? 그들을 좀더 처벌하고 싶어하는 사람들이다. 세라 장Sarah Chang은 아동에 대한 성범죄를 기소하는 검사로 일하느라 아동 포르노를 잔뜩 봐야 했던 경험을 쓴 글에서 자신은 아이들의 침묵을 보았다고 말했다.

모든 영상에서, 나는 소리 없는 고통을 목격했다. 나중에 들으니 그것은 어린 학대 피해자가 보이는 전형적인 반응이라고 했다. 정신과 의사들에 따르면, 그 침묵은 아이의 무력감을 나타내는 것이다. 그리고 그 무력감은 사건을 알리기를 꺼리는 태도와 자신을 학대한 사람에게 맞춰주려는 경향으로도 드러난다. 아이가 학대에 대해 밝히더라도 진술이 양면적일 때가 많고, 가끔은 아이가 진술을 완전히 철회하고 도로 침묵에 빠지기도 한다.

장이 소개한 어느 피해자의 경우, 오빠로부터 소리를 지르면 죽여버리겠다는 협박을 들었다. 작가 마야 앤절루Maya

Angelou는 일곱살에 강간당한 뒤 5년 동안 말을 하지 못했다.

작가 배리 로페즈Barry Lopez는 어릴 때 가족과 알고 지내던 어른에게 몇년 동안 거듭 강간당했다. 로페즈는 강간범에 대해서 이렇게 썼다.

> 그는 차분하지만 단호한 말투로 자신은 의사라고 말했고, 내게는 치료가 필요하다고 말했고, 내 문제를 어머니에게 말해서 걱정만 더 끼쳐서는 안 된다고 말했다. 가끔, 보통은 나를 집에 데려다주는 차 안에서, 샤이어는 내가 누구에게든 말한다면, 그래서 치료가 중단된다면, 자신은 나를 정신병원에 입원시키는 수밖에 다른 방법이 없을 거라고 일렀다. (…) 그래서 나는 그가 나를 부르던 대로 계속 용감한 소년이 되는 게 최선일 거라고 생각했다.

로페즈는 오래 침묵했다. 그러다 십대 중반에 입을 열었으나, 의붓아버지는 잠시 망설이더니 결국 아들을 믿지 않기로 결정했다. 로페즈는 반백년이 흐른 뒤에야 자신이 겪었던 고난과 그로 인한 트라우마를 공개적으로 말할 수 있었다.

입이 말하지 않으면 몸이 드러낼 때도 있다: 침묵의 증언

켈리 선드버그Kelly Sundberg는 폭력적이었던 전남편과, 자신이 그 폭력과 맺었던 관계의 변천에 대해서 이렇게 썼다.

　이사하고 2년 뒤, 나는 대학원 공부를 시작했고 마침내 친구를 사귀었다. 하지만 친구들과 시간을 보내는 건 어려운 일이었다. 나는 계속 거짓말을 해야 했다. 문에 팔이 끼었어. 러그를 밟고 미끄러져서 얼굴을 탁자에 찧었어. 이 멍이 왜 생겼는지 모르겠네. 자다가 그런 것 같아. 난 빈혈인가 봐. 멍이 정말 잘 들거든.

　한번은 케일럽이 말했다. "넌 누군가 그 멍이 왜 생겼는지를 알아주기를 바라겠지. 누군가 알아줘서 상황이 변하기를 바라겠지." 더없이 슬픈 투로 그렇게 말했다.

　그가 얼굴을 때린 건 한번뿐이었다. 내 뺨에 붉은 멍이 퍼졌고, 눈은 찢어지고 피가 배어났다. 상황이 끝난 뒤 우리는 둘 다 탈진해서 화장실 바닥에 주저앉았다. 그는 구슬프게 말했다. "네가 얼굴을 때리게 만들었어. 이제 사람들이 다 알게 되겠지."

선드버그는 줄곧 침묵했다. 하지만 그녀의 얼굴이 말했다. 진실은 그녀의 남편에게, 결혼 생활에, 주변 사람들의 평온함과 그들이 품은 생각에 위협이 되었다. 선드버그는 결국 침묵을 깨고서 글을 썼고, 그 글은 널리 읽히고 일종의 초대장이 되어서 또다른 사람들로 하여금 배우자나 부모로부터 당한 폭력의 이야기를 말하도록 이끌었다. 독창이 합창이 되었다.

학대와 괴롭힘에 관한 한가지 심란한 특징은 사람들이 그런 범죄가 아니라 범죄에 대한 증언을 배신 행위로 여긴다는 점이다. 그런 말을 꺼내서는 안 된다고 여기는 것이다. 학대자는 종종 피학대자에게 침묵을 요구하는 특권, 보호가 상호적이지 않게 이루어지는 특권을 누린다. 제3자들은 종종 피해자를 가해자의 경력과 가정을 망치려고 작정한 사람처럼 묘사함으로써 그런 상황을 강제한다. 폭행범이 스스로 그런 선택을 한 게 아니라는 듯이.

듣는 사람이 없어도 말하는 목소리들이 있다.

2015년 한 스탠퍼드 대학생이 의식을 잃은 여성을 성폭행했다. 피해자는 재판에서 이렇게 진술했다. "아무리 잊으려고 애써도 그건 너무 힘든 일이었기 때문에, 나는 말을 하지도, 밥을 먹지도, 잠을 자지도, 사람들과 소통하지도 못했습니다. 퇴근하면 으슥한 곳으로 차를 몰고 가서 비명을 질렀습니다…" 왜인지 피해자는 자신의 트라우마와 분노가 적절하지 못하다는 생각, 자신의 비명이 아무에게도 들리지 말아야 한다는 생각을 품었던 것이다. 그러나 결국에는 전세계가 그의 비명을 들었다. 그는 자신을 성폭행한 사람에게 편지를 썼고, 그 편지를 법정에서 낭독함으로써 법원 기록에 남겼다. 그리고 2016년 6월, 편지는 더 많은 사람들에게 널리 읽혔다. 아마도 강간과 그 여파를 피해자가 일인칭으로 기술한 기록으로는 역사상 가장 널리 읽힌 글일 것이다. 그는 빼앗겼던 목소리를 되찾았고, 그럼으로써 비인간화했던 자신을 다시 인간화했다. 그는 말로 감옥을 지어서 가해자를 가뒀고, 가해자의 무심한 악의를 기억하는 비석을 세웠으며, 가해자가 사는 내내 그 말들이 가해자를 따라다니게끔 만들었다. 그의 목소리가 그의 힘이었다.

그는 침묵을 깼다(그러나 강간 피해자들로 하여금 계속 익명을 택하도록 만드는 수치심과 두려움까지 깨지는 못했다). 그는 분노한 목소리로 가해자의 회피와 거짓말을 고발했지만, 끝은 부드러운 말투로 맺었다. "세상 모든 곳의 소녀들에게, 나는 당신 곁에 있습니다. 혼자라고 느끼는 밤에, 내가 당신 곁에 있습니다. 사람들이 당신을 의심하거나 무시할 때, 내가 당신 곁에 있습니다. 당신을 위해서 내가 매일 싸웠습니다. 그러니 당신도 싸움을 멈추지 마세요. 나는 당신을 믿습니다. (…) 당신은 침묵당하지 않을 겁니다." '나는 당신 곁에 있습니다'는 감정이입의 목소리다. 우리가 서로 동떨어진 존재가 아니라고 말하는 목소리다.

하지만 헛된 비명만 지르는 사람들도 있다.

키티 제노베제Kitty Genovese 사건은 유명하다. 그가 낯선 사람에게 강간당하고 칼에 찔려 죽어가는데도 현장을 둘러싼 아파트에 살던 사람들이 그의 비명을 외면했던 사건은 방관자의 무심함을 잘 보여주는 신화적인 사례로 기억되었다. 2014년 캐서린 펠로네로Catherine Pelonero는 그 사건을 다시 살펴보았는데, 그 펠로네로의 책을 소개한 서평에서 피터 C. 베이커Peter C. Baker는 이렇게 말했다.

펠로네로가 지적했듯이, 제노베제가 살해된 그달에 UPI통신사는 클리블랜드의 한 판사가 "아내의 귀가가 너무 늦었을 때 남편이 아내를 때려서 눈을 멍들게 하고 이를 부러뜨린 것은 용납할 수 있다"라고 판결했다는 기사를 실었다. 펠로네로는 또 여성이 마땅히 취해야 할 위치에 대한 생각을 핑계로 자신들의 방관을 정당화한 증인들의 말을 폭넓게 인용했다. "사랑싸움인 줄 알았어요. 때리는 사람이 여자의 애인인 줄 알았죠. 그래서 아내하고 나는 도로 침대로 갔어요."

베이커는 이런 의견을 덧붙였다.

교수들이나 전문가들은 제노베제 이야기를 무수히 반복해서 말해왔지만, 그 사건을 구체적으로 여성에 대한 폭력으로 묘사하거나 그런 폭력이 설치도록 허락한 법과 문화의 복잡한 구조를 지적한 경우는 거의 한번도 없었다. 제노베제 이야기는 그 대신 '인간본성'을 보여주는 고전적 사례로 통하게 되었으며 — 그런 사례들이 으레 그렇듯이 — 실제로는 인간의 관습과 경험의 미세한 측면에 대해서 거의 아무것도 알려주지 못하는 이야기가 되었다.

요컨대, 그런 식의 이야기는 제노베제를 비롯한 많은 여자들을 죽인 진짜 원인들에 대해서는 침묵하는 소음에 지나지 않았다.

악의, 혼란, 정신이상으로 말미암아 거짓말하고 상상하고 이야기를 꾸며냈다고 비난받는 사람들이 있는가 하면, 어떤 사람들은 사실을 말했다고는 인정받지만 그래도 그들의 괴로움과 권리는 그다지 중요하지 않다는 말을 듣는다.

오래전 내 어머니는 한 경찰관에게 다가가서 남편이, 그러니까 내 아버지가 자신을 때린다고 말했다. 경찰관은 어머니에게 뭔가 진부한 조언을 주고는 — 저녁을 좀 근사하게 차려봐라, 그런 내용이었던 것 같다 — 법은 그런 종류의 폭행 사건에는 관심이 없다고 똑똑히 밝혔다. 말해봤자 소용없었던 것이다. 가정폭력을 감쌌던 침묵이 막 깨어진 무렵이었던 1976년 그 주제로 책을 내면서, 뛰어난 레즈비언 권리 운동가 델 마틴Del Martin은 이렇게 말했다. "여자들이 남편의 잔혹한 짓을 침묵으로 견디는 것은 달리 의지할 사람도 갈 곳도 없기 때문이다."[*] 페미니즘은 법을 바꿨다. 하지만 경찰 자체가 가정폭력을 저지르는 비율이 높은 집단인 데다가 접근 금지 명령의 유효성을 조금이라도 확보할 방법이 제한적인 상황에서는, 경찰을 찾아가는 것은 종종 실패하는 전략이다.

말을 꺼내고 신뢰를 받았지만, 그 결과 사라지는 사람들도 있다.

많은 공동체에는 그런 여자들이 갈 곳, 비밀 피난처, 여성 쉼터가 있다. 파트너의 폭력 때문에 제 집을 잃고 말 그대로 세상에서 설 자리를 잃은 여자들이 그 속으로 사라진다. 많은 여자가 제 나라에서 난민으로 산다. 제 집과 삶에서 사라져서 비밀스런 장소에서 비밀스런 삶을 새로 얻는다. "매 맞는 여성 쉼터"라고 불렸던 은신처들은 1970년대부터 생겨났다. 지금은 북미와 영국에 수천곳이 있지만, 모든 가정폭력 피해자를 수용하지는 못한다. 어머니는 이혼 후 그런 쉼터에서 오래 자원봉사를 했다. 회계 일을 보셨다.

● 1955년 미국 최초의 레즈비언 인권 단체 '빌리티스의 딸들'을 공동 결성했던 마틴은, 처음 샌프란시스코에서 동성결혼이 줄을 이었던 2004년 2월에 51년 동안 함께해온 파트너 필리스 라이언과 결혼했다. 그후로 탄력을 받은 평등결혼 운동은 2015년 연방대법원의 동성결혼 합헌 판결로 대단원을 맺었다.

그리고 말을 꺼냈지만 법에 따라 침묵되는 사람들도 있다.

『인어 공주』는 한스 크리스티안 안데르센의 동화다. 안데르센은 여러 의미에서 이상한(퀴어한) 사람이었다. 어색한 태도에 키가 무진장 컸고, 성적 지향이 모호했고, 평민 여자가 낳은 귀족의 서자라는 설이 있었으며, 훗날 귀족들의 총애를 받았다. 『인어 공주』는 인어가 제 목소리를 대가로 내주고 뭍에서 살 기회를 얻는 이야기다. 인어는 다리가 생겼지만 말은 못하게 된 채로 바다에서 나온다. 안데르센의 다른 동화 『백조 왕자』의 말 못하는 여주인공처럼, 인어 공주는 자신을 변호해서는 안 되고 그럴 수도 없다. 2011년 맨해튼 고급 호텔의 객실 청소부였던 나피사투 디알로Nafissatou Diallo가 IMF 총재 도미니끄 스트로스깐에게 성폭행당했을 때, 언론은 디알로를 비방하고 불신했으며 검사들은 사건에서 손을 뗐다. 하지만 디알로는 스트로스깐을 상대로 한 민사소송에서 이겼다. 그 대가는, 비슷한 사건들 가운데 매우 많은 수가 그렇듯이, 침묵이었다.

미국공공청렴센터CPI는 2009년 이렇게 보고했다. "성폭행당한 학생들 중 압도적 다수가 침묵을 지키는 한편 — 미국 법무부 산하 연구기관이 지원한 조사에 따르면 95퍼센트 이상이 그렇다 — 나서서 밝힌 학생들은 혼란스러운 징계 절차, 비밀스러운 학교 행정, 비공개를 조건으로 내건

거래를 경험한다." 버지니아 대학의 고발자들은 연방정부의 개입 전까지 학교로부터 사건의 모든 측면에 대해서 입다물고 있어야 하며 이를 어길 경우 불이익을 받게 된다는 말을 들어야 했다. 『버즈피드』는 2015년 이렇게 보도했다. "바드 대학 졸업생이 이번 주 미국 교육부에 공식 고발장을 접수했다. 그가 당했다고 주장하는 강간에 대해서, 다른 곳에서는 그 사건에 관해 일체 말하지 않겠다는 합의서에 먼저 서명해야만 교직원과 논의할 수 있었다는 것이다."

2013년 옥시덴탈 대학에 소송을 제기했던 재학생 및 졸업생 37명 중 10명은 학내 단체인 '옥시덴탈 성폭행 피해자 연대'에 참여하지 않는다는 조건으로 현금 보상을 받았다. 그 단체가 벌인 캠페인 덕분에 연방정부의 조사가 이루어지게 된 상황이었다. 그들은 돈을 받고 침묵한 셈이었다. 범죄학 교수 대니엘 덕스Danielle Dirks는 『로스앤젤레스 타임스』인터뷰에서 이렇게 말했다. "여성들에게 캠퍼스 운동에 참여하지 말고 침묵을 지키라고 요구하는 것은 옥시덴탈 대학 내 고발을 잠재우는 효과를 가져올 수 있습니다. 그동안 그렇게 많은 여성들이 나설 수 있었던 것은 다른 성폭력 생존자들이 자신들이 받은 대접에 대해서 공개적으로 말할 수 있었기 때문이기도 합니다."

승리로 여겨지는 결과에 "침묵할 것"이라는 조건이 따라붙는 건 어떤 의미일까? 아니, "다시 침묵할 것"이라고 말해야 정확할까?

피해자를 침묵시키는 방법은 그밖에도 많다. 이를테면 조롱, 협박, 불신, 배척.

작가 리베카 도너Rebecca Donner는 최근 온라인 잡지 『게르니카』Guernica에 실은 글에서 그동안 지켜온 침묵을 깨고 자신이 십대였을 때 삼촌에게 강간당했던 것, 어머니가 던지는 질문에 말로 답할 수 없어서 고개만 끄덕였던 것, 그 일에 대해서 가족이 자신을 비난했을 뿐 아니라 그런 일이 실제로 벌어졌다는 사실도 믿어주지 않았던 것을 이야기했다. 요컨대 피해자 비난이라는 흔한 인지부조화 반응을 보였다는 것이다. "그들은 내게 극복하라고 말했다. 입 닫고 있으라고 말했다. 그리고 지금 이 순간까지 나는 착한 아이처럼 입을 꽉 닫고 있었다." 저마다 세부적인 슬픈 요소들은 다르지만 부정과 침묵시키기라는 패턴은 똑같은 이런 이야기는 헤아릴 수 없이 많다.

수치심을 안기는 것은 훌륭한 침묵시키기 수단이다.

침묵은 대부분의 사람들이 지고 있거나 지고 있었던 짐이지만, 그중에서도 어떤 사람은 남들보다 더 많이 지고 있으며, 또 어떤 사람은 그것을 밀쳐놓거나 내버리거나 기피하는 데 전문가나 천재가 된다. 열네살에 솔트레이크시

티 집에서 납치되어 몇달 동안 범인에게 강간당했던 엘리자베스 스마트Elizabeth Smart는 이전에 순결만 강조하는 성교육을 받았던 탓에 만일 자신이 혼전 섹스를 하게 되면 무가치하고 더러운 존재가 되는 줄 알았다고 말했다. "그러면 너무 쉽게 나는 이제 가치 없는 인간이라고 느끼게 돼요. 내 인생은 이제 아무 가치가 없다고." 그런 생각은 만일 집으로 돌아가더라도 행복하게 살 수 없을 거라고 느끼게 만듦으로써, 희망 없는 감금 상태가 지속되는 데 일조했다. 캠퍼스 강간 반대 운동이 일어날 수 있었던 건 부분적으로나마 젊은 생존자들이 수치심 때문에 침묵하기를 거부한 것 덕분이었고, 그다음에는 비록 정신 상태는 그렇지 못할지라도 태도에서만큼은 아예 수치심을 느끼기를 거부한 것 덕분이었다.

공손함도 마찬가지다.

우리가 공손함이라고 부르는 것은 종종 자신보다 남들의 안락을 더 중시하는 태도다. 어떤 상황에서도 남들의 안락을 방해해서는 안 된다는 것, 그러면 잘못이라는 것이다. 몇십년 전 라디오에서 들었던 짧은 이야기 하나가 여태 기억에 남아 있다. 자신의 경험을 직접 들려주었던 이야기의 주인공은 뉴욕 지하철에서 누군가 자신을 더듬는 걸 느꼈지만 자신은 추행범에게 면박을 주거나 그의 기분을 상하게 하지 않고서 몸을 떼낼 방도를 궁리했다고 말했다. 이 이야기는 항상 공손해야 하고, 위로해주어야 하고, 상냥해야 하고, 위협적이지 않아야 한다는 지침이 여자들에게 얼마나 깊이 새겨져 있는지, 그것이 어떻게 우리의 생존을 방해하는지 보여주는 씁쓸한 일화였다. 내가 이십대 초에 겪었던 사건도 기억난다. 한밤중 길에서 무서운 남자가 나를 위협했는데, 그때 나는 지나가는 차를 세우거나, 소동을 부리거나, 그밖에도 내가 더 나이 들고 내 판단과 권리에 더 당당해지고 소란 피우는 걸 덜 두려워하게 되었을 때 취했을 법한 대처 방법이 하나도 떠오르지 않았다. 공손함, 자기의심, 내면적 침묵은 젊은 여성을 상대적으로 더 취약한 표적으로 만든다. 철학자 마사 누스바움Martha Nussbaum은 1969년 하버드에서 대학원 공부를 시작했다. 최근 그때 일을 회상하기를 지도 교수가 "팔을 뻗어 가슴을 만지려고 했을 때 (…) 교수에게 창피를 주지 않으려고 조심하면서 그저 가만히 그를 밀어냈다"고 한다.

침묵은 무력함의 법적 상태이기도 하다.

루스 베이더 긴즈버그Ruth Bader Ginsburg 연방대법관은 2015년 동성결혼 사건 심리에서 1982년 연방대법원 판결을 언급했다. "오늘날의 결혼은 과거 관습법 전통, 민법 전통에 따랐던 결혼과는 다릅니다." 긴즈버그는 존 로버츠

John Roberts 대법관과 앤서니 케네디Anthony Kennedy 대법관이 과연 법원에게 수백년 전통에 도전할 권리가 있는 걸까 걱정하자 이렇게 말했다. "과거 결혼은 지배하는 남성과 복종하는 여성의 관계였습니다. 그런 관계는 1982년 우리 법정의 결정으로 루이지애나주의 '우두머리·주인 규칙Head and Master Rule'이 폐지되었을 때 이미 끝났습니다."

역사상 두번째 여성 연방대법관인 긴즈버그가 인용했던 루이지애나의 '우두머리·주인 규칙'은 남편이 아내에게 알리거나 동의를 구하지 않고도 부부의 공동 재산을 마음대로 처분할 수 있다고 허락한 내용이었다. 그 판례가 된 사건은 아내가 제 수입으로 구입한 집을 멋대로 저당 잡힌 남편의 사건이었는데, 그가 그렇게 한 것은 딸을 성추행한 일로 고소당하자 변호사 비용을 마련하기 위해서였다. 그 시절 아내는 자기 집, 자기 소득, 자기 인생 경로를 처리하는 문제에서 발언권을 갖지 못했다. 아내 혹은 부부의 소유여야 하는 것이 남편 혼자만의 소유였다.

개인과 사회는 입을 열어 증언하기를 거부함으로써 권력과 권력자에게 이바지한다.

입을 열기를 거부하는 증인들은 누군가가 자신의 권리, 주체성, 온전한 신체, 인생을 잃는 데 동의하는 셈이다. 침묵은 폭력을 보호한다. 온 사회가 침묵할 수도 있다. 터키에서 아르메니아 집단학살에 대해 말하는 것처럼, 범죄에 대해 말하는 것이 위험하거나 불법일 수도 있다. 작가 오르한 파묵Orhan Pamuk은 교과서와 공식 기록에 뻔히 나와 있는 내용이었음에도 범죄에 대해 말했다는 이유로 "터키의 국가성을 모욕했다"며 고발되었고, 해외로 피신해야 했다.

특정한 사람들이 침묵당하는 특정한 방식들이 존재하는 것과 더불어, 모든 여성이 말할 공간을 전체적으로 위축시키고 여성의 목소리보다 남성의 목소리가 더 중요하다고 분명히 알리는 문화가 있다. 그리고 우리에게는 이 상황을 증언할 전문가 증인들이 있다.

그리스 고전 속 사제 테이레시아스는 원래 남자였으나 벌을 받아서 여자로 변신했고, 여자로 7년을 살다가 도로 남자로 변신했다. 신들은 젠더와 섹슈얼리티에 관한 문제가 생겼을 때 테이레시아스를 증인으로 불러서 당사자의 체험을 들었다. 우리 시대에는 트랜스젠더가 그런 전문가 증인이다. 젠더 역할이 어떻게 강요되고 재강요되는지를 증언해줄 증인이다. 벌써 십년도 전에 스탠퍼드 대학 생물학자 벤 바레스Ben Barres는 그런 증언으로 적잖은 충격을 안겼다. 그의 옛 이름은 바버라 바레스Barbara Barres다. 그는 2006년 『네이처』에 실은 글에서 자신이 과학계에서 여성으로 겪었던 편견을 소개했다. 자신보다 자격이 부족한 남자 후보들에게 교수 임용에서 밀렸던 일, 남자친구가 수학을 도와줬나보군요 하는 말을 들었던 일. 남자로 성전환한 바레스에게 당신이 누이보다 똑똑하다고 말한 남자도 있었는데, 그 남자는 여자였던 과거의 바레스를 그의 누이로 착각한 거였다. 바레스도 예전에는 이런 일들을 인식하지 못했다. 남자가 되어 이런 일들이 뚝 그치고서야 알아차렸다고 했다.

그는 훌륭한 과학자답게 꼼꼼히 관찰했다. "하지만 일화는 데이터가 아니다. 젠더를 가린 연구가 중요한 건 그 때문이다. 그런 연구가 밝힌 바에 따르면, 선발 과정에서 여성이나 소수자 후보에게는 무의식적으로 너무 높은 기준을 잡는다. 따라서 그들이 승자가 되기가 어렵다." 2005년 하버드 대학 총장 래리 서머스Larry Summers가 수학 및 과학 분야에서 남자가 여자보다 나은 것은 타고난 생물학적 적성 차이 때문이라고 발언했을 때, 바레스는 입을 열어 공개적으로 반박했다. (당시 『가디언』 기사에 따르면, "서머스 총장 재임 중 여성이 종신교수직을 얻은 비율은 이전의 36퍼센트에서 13퍼센트로 떨어졌다. 지난해 총 32건의 종신교수 채용 중 4건만이 여성에게 돌아갔다.") 바레스는 곁다리로 자신의 개인적 경험을 이야기한 대목에서 이런 씁쓸한 말을 남겼다. "내가 느끼는 차이 중 단연코 가장 큰 것은, 내가 트랜스젠더라는 걸 모르는 사람들은 현재의 나를 훨씬 더 존중해준다는 것이다. 요즘은 심지어 남자에게 말이 끊기는 일 없이 문장을 끝까지 말할 수도 있다."

남자와 여자는 글에서, 장소에서, 개념에서, 나아가 대화에서도 서로 다른 종류와 규모의 공간을 제공받는다. 이 현상은 영화에서 수치로 측정 가능하며, 현실에도 물론 존재한다.

2010년 '지나 데이비스 미디어 젠더 연구소'는 이전 3년간 제작된 할리우드 가족 영화 통계를 보도했다. "대사 있는 인물을 전부 헤아렸을 때, G 등급 영화에서는 전체 인물의 32.4퍼센트, PG 등급에서는 30퍼센트, PG-13 등급에서는 27.7퍼센트가 여성이었다. 총 1,565명의 콘텐츠 제작자가운데 감독의 7퍼센트, 작가의 13퍼센트, 제작자의 20퍼센트만이 여성이었다." 이 연구소는 2014년 전세계 십대 영화 시장에서 만들어진 영화들을 분석하여, 대사와 이름이 있는 인물 중 3분의 2 이상이 남자이고 "여자아이나 성인 여자가 주역 혹은 다른 주역과 이야기의 전개를 공유하는 역할"인 경우는 전체 영화의 4분의 1도 안 된다고 발표했다.

서던캘리포니아 대학의 애넌버그 커뮤니케이션 학과도 2007~2014년 인기 영화 700편을 대상으로 비슷한 조사를 실시하여, "2014년 최고 인기작 100편 중 여성 주인공은 21편으로, 2007년 최고 인기작 중에서는 20편이었던 것과 비슷한 비율이었다. 2014년 상위 100편 중 여성 감독이 만든 영화는 2편이었다. 2007년은 3편이었다. 조사 대상 총 700편 중 아프리카계 미국인이 감독한 영화는 3편이었다"라고 발표했다. 2014년 상위 100편 중 45세 이상 여성이 주연인 영화는 한편도 없었다. 2016년 온라인 매체 『폴리그래프』*Polygraph*가 영화 2,000편을 분석한 결과에서도 주연의 88퍼센트가 남자였다.

여자는 화면에 등장할 때도 말은 안 하는 경우가 많다. 말하더라도 여자끼리 말하는 경우는 적고, 여자끼리 말하더라도 영화의 중심인 남자들에 관해서 말하는 경우가 많다. 그래픽 노블 작가 앨리슨 벡델Alison Bechdel은 '영화의 두 여성 인물이 남자가 아닌 다른 주제로 대화하는가'라는, 요즈음 벡델 테스트라고 알려진 기준을 고안해냈다. 우습도록 낮은 기준인데도, 많은 영화가 이것을 통과하지 못한다. 「스타워즈」 오리지널 3부작에서 레이아 공주를 제외한 다른 여자들이 말하는 장면은 상영시간 총 386분 중 63초라는, 누군가의 최근 분석도 있다. 그 63초도 영화 세 편에서 세 여자가 말하는 시간을 합친 것이며, 총 상영시간의 1퍼센트의 3분의 1쯤을 차지한다.

그런데도 사람들은 이런 영화들을 가리켜 남자들을 위한 영화가 아니라 모든 사람을 위한 영화라고 말하면서 상영시간 중 이와 비슷한 정도로 불균형한 비율이 여성 인물에게 할당된 영화는 무조건 여자들을 위한 영화로 간주한다. 남자들은 감정이입의 범위를 넓혀서 다른 젠더와 자신을 동일시해보라는 요구를 받지 않는다. 백인은 유색인종과는 달리 다른 인종에 동일시해보라는 요구를 받지 않는 것과 비슷하다. 지배하는 위치에 있다는 것은 곧 자신만 볼 뿐 남들은 보지 않는 것이다. 특권은 종종 상상력을 제약하거나 가로막는다.

말할 공간과 공공 영역은 얽혀 있으며, 이는 수천년 전부터 그랬다.

고전학자 메리 비어드Mary Beard는 수천년에 걸친 젠더의 지형도를 분석해보았다. 2014년 발표한 기념비적 에세이 「여성의 공적 목소리」The Public Voice of Women에서, 비어드는 문학에서 여성을 침묵시키는 행위는 거의 서양 문학이 시작된 순간부터 등장했다고 말했다. 『오디세이아』에서 텔레마코스는 어머니 페넬로페에게 닥치라고 말한다. 이미 페넬로페는 순결하게 집에 틀어박힌 채 구애자들에게 포위된 상태다. 그 남편은 한가롭게 지중해를 떠돌며 섹스를 즐기는 동안 말이다. (이 이야기를 페미니스트 버전으로 다시 쓰는 것도 상상해볼 수 있겠다. 페넬로페가 자율성을 즐기고, 구애자 중 몇몇을 애인으로 두고, 모르면 몰라도 남편이 돌아오기를 간절히 바라진 않는 것이다. 마거릿 애트우드Margaret Atwood의 소설 『페넬로피아드』가 바로 그런 이야기다.) 비어드는 목소리를 갖는 것이 — 굵을수록 더 좋다 — 남성성의 결정적 요소로 여겨졌으며 공공 영역은 남성의 영역이었다고 지적했다. "공공장소에서 말하는 여자는, 대부분의 상황에서, 정의상 여자가 아니었다."

비어드는 소셜미디어가 등장한 21세기에 자신도 상당한 공격을 받는 공인이 되었다.

당신이 여자로서 어떤 노선을 취하는가는 그다지 중요하지 않다. 전통적으로 남성의 영역이었던 분야로 진출한 경우 괴롭힘은 어차피 따라붙기 때문이다. 당신이 말한 내용이 아니라 당신이 말한다는 사실 자체가 괴롭힘을 끌어들인다. 위협의 내용 자체도 이 현상에 걸맞은 수준이다. 위협의 내용은 강간, 폭탄, 살해 등 메뉴가 뻔하지만, 그 가운데 상당수는 여성을 침묵시키는 데 초점을 맞춘다. "입 닥쳐 쌍년아"는 아주 흔한 반복구다. 혹은 여성에게서 말하는 능력을 빼앗겠다고 호언하는 경우도 있다. "네년 머리를 따서 강간할 거다." 내가 받은 한 트윗의 내용이다.

비어드와 함께 케임브리지 대학에 소속된 남성 고전 교수들은 대부분 이런 일을 겪지 않을 것이다. 비어드는 2016년 4월 『뉴욕 타임스』에서 이렇게 말했다. "우리는 여성이 침묵하기를 바라는 남성 문화의 욕망으로부터 온전히 벗어난 적이 단 한번도 없습니다."

여성은 종종 비어드가 말한 것과 같은 공적인 삶에 참여할 자격이 부족하다고 여겨진다.

여성을 공적이고 전문적인 삶으로부터 밀어내는 방법은 셀 수 없이 많다. 엔지니어링 분야에서 일하는 여자들은 업계가 갖가지 방식으로 자신들에게는 숙련될 기회와 중요한 역할을 맡을 기회를 주지 않는다고 말한다. 체스를 두는 여자들은 자신들이 당한 성희롱과 비하에 대해 말한다. 그밖에도 많은 분야에 똑같은 이야기가 존재한다. 정치에 몸담은 여자들은 외모, 목소리, 야심, 전업주부로 가족을 돌보지 않는다는 점 (혹은 가족을 이루지 않았다는 점) 때문에 비난받는다. 우쭐댄다는 표현이 주로 아프리카계 미국인에게 쓰이는 것처럼, 날카롭다거나 나댄다는 표현은 대체로 여자들에게 쓰인다. 정치하는 여자는 너무 여성스러워서도 안 되고 너무 남자 같아서도 안 되는데, 왜냐하면 여성성은 지도력과 연관되는 속성이 아니고 남성성은 여자가 누릴 특권이 아니기 때문이다. 이런 딜레마는 여자들에게 존재하지 않는 공간을 차지하라고 요구하는 셈이다. 잘못된 것이 되기 싫다면 불가능한 것이 되라고 요구하는 셈이다. 여성이 된다는 것은 늘 잘못된 상태에 있는 것이다. 나는 그런 결론밖에 못 내리겠다. 최소한 가부장제하에서는 그렇다.

살충제의 처참한 효과를 고발했던 레이철 카슨Rachel Carson의 1962년 걸작 『침묵의 봄』이 당시 어떤 반응을 받았는지를 여러차례 살펴보면서, 나는 사람들이 카슨을 신경질적이고 감정적이고 자격 없는 사람으로 무시했다는 사실에 매번 질렸다. 이 책을 쓰는 동안 다른 프로젝트 때문에 어느 구술사 기록을 읽었는데, 『침묵의 봄』 출간 당시 카슨을 세계에서 제일 유명한 1960년대 환경주의자로 만들어주었다고 봐도 무방할 그 책을 두고 시에라 클럽 이사였던 웬 남자가 이렇게 말했다는 이야기가 나왔다. "지금 이름은 기억이 안 납니다만, 과학자가 아닌 어떤 여자가 끔찍한 살충제에 대한 이야기를 썼답니다." 그가 어엿한 이 과학자를—존스홉킨스 대학에서 동물학 및 유전학으로 석사학위를 받았고 오직 경제적 이유 때문에 박사 과정을 마치지 못했던 사람, 연방 기관에서 과학자로 일했고 나중에는 우즈홀 해양 연구소에서 일했던 사람을—묘사하는 데 쓰고 싶었던 표현이 고작 "과학자가 아닌 어떤 여자"였던 것이다.

웬 늙은 남자가 지나간 시절에 했던 말에 관한 일화이지만, 여자는 자격 조건을 얼마나 갖추든 결격 사유가 있다는 생각은 요즘도 카슨의 시절처럼 퍼져 있다. 탐사 저널리스트 수키 김Suki Kim은 북한의 실정을 보도하기 위해 북한에 잠입했다. 그런데 2014년 그녀의 책을 낸 출판사는 그 폭로물을 수기로 포장해야 한다고 고집했다. 공적이고 집단적인 삶에 대한 책을 사적인 여행기로 포장한 건 물론 마케팅 때문이었지만, 거기에는 여성은 사적 영역에 속할 뿐 그것을 넘어선 영역에는 속하지 않는다는 생각이 깔려 있었다. 김은 2016년 『뉴 리퍼블릭』에 쓴 글에서 이렇게 말했다.

내 책을 전문가의 책이 아니라 사적인 책으로 포장함으로써—나를 획기적 임무를 띤 기자가 아니라 자아발견 여행에 나선 여자로 마케팅함으로써—그들은 내가 정통한 주제로부터 내 전문성을 앗은 것이나 마찬가지였다. 그것은 사소한 조정이었지만, 모든 분야의 모든 전문가 여성들에게는 익숙한 일이다. 나는 권위자의 입장에서—당신은 무엇을 아는가?—감정의 영역으로—당신은 어떻게 느끼는가?—옮겨졌다.

그는 타인에 대한 생각과 앎으로부터 쫓겨나서 자신의 감정에만 가두어졌다. 그가 잘 알 수 있는 영역은 자신에 관한 영역뿐이라는 것처럼.

이런 감금은 여자들은 가정과 사적인 삶에 갇히고 공적인 삶은 남자들의 것이었던 옛 질서의 반영이다. 그로 인한 또다른 결과는 물론 남자들이 감정적이고 사적인 삶에서 소외되는 것이었으며, 요즘도 사정은 마찬가지다. 두 영역은 모두 중요하다. 하지만 한 인간의 경제적·정치적· 사회적 힘은 그가 공적 영역에서 차지하는 위치에 달려 있다. 우리의 혁명은 모든 사람이 모든 영역에서 자유롭게 움직일 수 있도록 만드는 것이다. 이 일은 끝나지 않았고, 아직 진행 중이지만, 벌써 모든 지도를 바꿔놓았고, 앞으로도 더 많이 바꿔놓을 것이다.

4. 범람한 도시

> 나는 침묵에 대한 소설을 쓰고 싶다.
> 사람들이 말하지 않는 것들에 대한.
> ─버지니아 울프

페미니즘 문학은 그런 침묵들의 속성, 원인, 결과를 탐구했다. 이 작업이 절정을 이루었던 1970년대와 1980년대 초에는 침묵에 관한 에세이가 우르르 쏟아졌다. 메리 울스턴크래프트Mary Wollstonecraft와 19세기 페미니스트들은 교육으로부터의 배제를 비롯하여 여성의 배제와 무력함의 문제를 다뤘다. 여성참정권 운동가들은 투표권이 없는 것은 정치적으로 침묵당하는 것이며 온전한 시민권, 자결권,

공적 영역으로부터 배제당하는 것이라고 지적했다. 1911
년 샬럿 퍼킨스 길먼Charlotte Perkins Gilman은 "여성은 무수
한 종류의 제약에 에워싸여 있지만 (…) 여자들은 이제 강
제된 무지로부터 신속하게 벗어나고 있다"라고 썼다. 여성
이 투표권은 얻었지만 — 미국에서는 1920년, 영국에서는
1918년이었다 — 그밖에도 부족한 게 한참 더 많았던 시
절, 침묵에 대한 탐구가 시작되었다.

두편의 기념비적인 글로 경고를 울린 것은 버지니아 울
프였다. 둘 가운데 더 유명한『자기만의 방』은 1928년의 두
강연을 바탕으로 삼아 1929년 발표한 글로, 여성이 글을
쓸 때, 즉 목소리를 가지려고 할 때 겪는 현실적·경제적·
사회적·심리적 제약을 이야기했다. 그렇다면 울프는 어떤
목소리를 가질 수 있었을까? 그로부터 반세기 뒤에 에이
드리언 리치Adrienne Rich는 이렇게 말했다.

나는 그 글의 공들인 말투, 애쓰는 말투, 집요하게 머뭇거리
는 말투에 놀랐다. 그리고 나는 그 말투를 알아보았다. 이전에
나 자신과 다른 여자들에게서 자주 들어본 말투였기 때문이다.
그것은 내면의 분노를 건드릴 찰나인 여성, 하지만 성난 모습을
보이지 않기로 결심한 여성, 냉정하고 초연한 태도를 취하려고
애쓰는 여성, 심지어 그의 진실성을 공격하는 말을 내뱉는 남자
들이 가득한 방에서도 매력 있게 굴려고 애쓰는 여성의 말투였

다. 버지니아 울프는 여성 청중에게 말하고 있었지만, 그러면서도 —울프가 늘 그랬듯이— 남자들도 자기 말을 엿들을 것이라는 사실을 민감하게 의식하고 있었다.

울프의 두번째 글 「여성의 전문직」Professions for Women은 원래 1931년 여성참여협회National Society for Women에서 했던 강연으로, 다른 목소리를 들려준다. 리치가 비판했던 (여성의 말투는 이렇듯 너무 자주 비판받는다) 설득하는 말투가 아니라 위로하는 말투다. 울프는 모든 여성은 상냥함, 너그러움, 아양을 권하는 지침을 내면화하고 있다고 말하며, 그렇지만 그것은 그의 진짜 목소리와 진짜 생각을, 즉 진짜 자아를 침묵시킬 수 있다고 지적한다. 울프는 또 침묵의 백색소음과 같은 말하기 방식들이 있다고 지적한다. 상투적이고 편한 말, 공손하고 사양하는 말은 침묵을 지속시키는 체계의 윤활유다. 그런 말은 자신이 아니라 남들을 위한 말이다. 울프는 여성의 내면에는 "호의를 베푸세요. 부드럽게 대하세요. 듣기 좋은 말을 해주세요. 기만하세요. 당신의 성이 가진 모든 기술과 책략을 동원하세요. 당신이 자기자신만의 세계를 가지고 있다고 생각하는 사람이 아무도 없게 하세요"라고 속삭이는 목소리가 있다고 말했다. 그 목소리를 "가정의 천사"로 명명한 뒤, 자신은 부득이 그 천사를 죽여야 했다고 자랑스레 말했다. 자신의 목소리를 갖기 위해서, 침묵을 깨기 위해서.

50년 뒤, 수전 그리핀Susan Griffin은 『포르노그래피와 침묵』*Pornography and Silence*에서 작가 노먼 메일러Norman Mailer가 배우 메릴린 먼로에 대해 쓴 문장을 인용했다. "그녀는 그녀를 응시하는 사람들의 쾌락의 거울이다." 먼로는 자기 모습을 드러냈고, 말을 했지만, 그가 모습을 드러낸 방식과 말한 내용은 자신을 표현하기 위한 것이나 자신이 되기 위한 것이 아니라 남들을 만족시키기 위한 것이었다는 뜻이다. 그리핀은 이런 평을 덧붙였다. "메일러는 먼로의 상징적 존재가 가면이란 걸 알면서도 그 너머를 들여다보기를 거부했다. 만일 또다른 자아가 없었다면, 방황하는 자아와 침범당하는 자아가 없었다면, 이 여배우의 삶은 비극으로 끝나지 않았을 것이다." 이것은 누군가가 남들에게 뻔히 보이고 들리는 존재임에도 불구하고 침묵당할 수 있다는 걸 보여준 분석이었다.

먼로는 어떤 여자의 대역이라도 될 수 있다. 남자들의 쾌락, 승인, 안락, 지지를 추구하느라 자아와 자기표현의 일면을 침묵시키고, 숨기고, 가장하고, 내버리는 여자라면 누구든지. 그리고 이것이 꼭 에로틱한 문제만은 아니다. 이것은 자신이 너무 자신만만하고 당당하고 자족적인 태도를 보인다면 벌을 받을 수도 있다는 걸 아는 여자가 직장, 교실, 길에서 남자들의 기대를 헤치고 나아가기 위해서 익히는 태도일 수도 있다. 이와 유사한 태도가 또 있다. 내 친구 가넷 카도건Garnette Cadogan은 유려하고도 쓰라린 글에서 밝히기를, 흑인 남성인 자신은 공공장소에서 백인들의 두려움을 누그러뜨리고 자신을 보호하기 위해서 "난 범죄자가 아니에요, 위험하지 않아요"라는 태도를 끊임없이 연기해야 한다고 말했다. 흑인과 여성은 남들을 만족시키는 일에서 이중의 책무를 수행해야 하는 것이다.

메일러는 먼로를 쾌락의 거울이라고 해석하면서도 그 쾌락이 대체로 남들의 것일 때 어떻게 되는지는 묻지 않았다. 그것은 쾌락으로 가장한 죽은 쾌락, 남들을 만족시키는 죽은 자아다. 아무것도 아닌 시시한 것들을 만족시키는 일에 둘러싸인 침묵이다. 1962년 요절한 먼로의 초상은, 벨 훅스가 관찰한 남자들의 "정신적 자기절단"과 쌍을 이루는 북엔드처럼 보인다. 그것은 남들의 절단된 자아를 만나고 만족시킬 자신의 자아를 얻기 위해서 스스로 수행한 또다른 자기절단의 초상이다. 침묵이 다른 침묵을 만나고, 두 침묵은 거푸집과 주물처럼 꼭 들어맞는다. 이것은 유령 이야기다.

틸리 올슨Tillie Olsen의 1962년 강연 원고는 1965년 『하퍼스』에 실렸고, 베스트셀러가 된 1978년작 『침묵들』Silences에도 실렸다. 이 시기는 침묵이, 혹은 침묵을 추궁하고 소멸시키려는 욕망이 성년의 단계로 성장한 시점이었다. 글은 이렇게 시작된다. "문학의 과거와 현재는 침묵들로 인해 어둡다. 어떤 것은 위대한 작가로 인정받는 이들의 오랜 침묵이고, 어떤 것은 숨은 침묵이고, 어떤 것은 한 작품만 내놓은 뒤 출간을 그만두는 침묵이고, 어떤 것은 아예 책의 형태에 도달하지 못하는 침묵이다." 이것은 곧 침묵에는 여러 종류가 있다는 뜻이다. 무엇이 말해지고 무엇이 말해지지 않는가를 둘러싼 침묵이 있는가 하면, 누가 말하는가 혹은 누가 말하도록 허락되는가를 둘러싼 침묵도 있다는 뜻이다.

올슨은 진짜 주제로 다가가기까지 시간을 들인다. 우선 자신의 자격을 입증해보여야 한다는 듯이, 남성 작가들의 위대한 작품들에 대한 지식과 관심을 펼쳐 보인다. 올슨은 그다음에야 비로소 문학에서 여성의 침묵이라는 주제를 꺼내어, 작가로서 경력을 일군 여자들은 대부분 아이가 없었다는 점을 지적한다. 창작에는 자기자신과 자기 목소리에만 집중하는 시간이 필요하기 때문이다. 이런 침묵은 현실적인 침묵 — 장문의 글이라는 언어의 성을 짓는 데 쏟을 시간이 없다는 것 — 이었다. 그밖에도 여성들의 경험과 관련된 침묵은 여러 종류가 있었다. 책의 후반은 "여담, 부적, 발굴, 출처"를 폭넓게 수집한 컬렉션으로, 여성을 침묵시키는 일이 실제 벌어졌으며 그것이 여성뿐 아니라 문학에도 영향을 미쳤음을 보여주는 증거를 더욱 확장한 대목이었다. 말하자면 피고 측 변론 취지서였다.

베티 프리던Betty Friedan의 1963년 저서 『여성의 신비』*The Feminine Mystique*는 "이름 없는 문제"를 다뤘다. 물질적으로 안락하지만 공적인 삶에서, 가정과 세상의 권력으로부터 배제되어 사회적·정치적으로 소멸된 채 살아가는 미국 여성들의 문제를 다룬 책이었다. 『여성의 신비』는 중산층 백인 여성만을 위한 책이라는 비판을 받을 만하고 실제로 받았지만, 가난과의 전쟁과 시민권 운동이 한창이던 시대에 젠더 역시 우리가 고찰해야 할 문제이고 이때 이름 짓기는 변화를 이루는 데 중요한 요소라는 사실을 지적했다는 점에서 그 가치를 인정받아야 하는 책이다.

2010년 펴낸 『거리의 어두운 쪽』*At the Dark End of the Street*에서, 대니엘 L. 맥과이어Danielle L. McGuire는 시민권 운동도 어떤 측면에서는 침묵된 사건이라고 주장했다. 그 운동이 모두의 권리를 위해서 남자들이 (그리고 잊힌 여자들이) 이끈 운동이었던 것처럼 기록되어왔기 때문이다. 맥과이어는 로자 파크스Rosa Parks가 전미유색인종지위향상협회 NAACP를 위해서 강간 사건을 조사하는 일을 했다는 사실부터 시작하여 역사를 다시 쓴다. 흑인 여성들이 흑인 여성들의 권리를 찾기 위해서 개시했던 사건으로 시민권 운동을 완전히 재구성한다. 이런 이야기는 예전에는 보통 여성이라는 대로의 역사에서 지워진 교차로였다.

이와 대조적으로, 수전 손택Susan Sontag은 1969년 에세이 「침묵의 미학」The Aesthetics of Silence에서 젠더에 대해 침묵했다. 이 글은 남성 예술가들 이야기였고, 손택은 '예술가'를 지칭할 때 남성 대명사를 썼다. 손택은 마르셀 뒤샹Marcel Duchamp이나 아르뛰르 랭보Arthur Rimbaud처럼 자발적으로 침묵을 택한 예술가들을 언급하면서 그들의 침묵은 냉소나 초월, 벗어남의 몸짓이었다고 말했다. 그러나 손택은 이렇게도 덧붙였다. "이런 결정의 모범적인 사례는 예술가가 이미 자신의 천재성을 증명해 보이고 그 천재성을 권위 있게 발휘한 뒤에만 가능하다." 그런 침묵은 차라리 이미 경청되고 인정받은 사람이 선택하는 고요함에 가깝다. 그것은 오히려 침묵당하는 것의 대립항이다.

오늘날 2세대 페미니즘이라고 불리는 시기는 이전까지 명명되지도 묘사되지도 않았던 억압들에 대한 폭로와 억압을 깨닫는 과정에도 기쁨이 있다는 증언이 터져나온 시절이었다. 진단은 치료와 회복으로 가는 첫걸음이기 때문이다. 여자들은 자신이 겪는 억압을 말하고 그것을 정의하는 과정에서 고립으로부터 벗어나고 힘을 얻었다. 1960년대와 1970년대에 나온 글들은 탐험의 문학이었고, 심지어 발견의 문학이었다. 사람들은 발을 헛디뎌 휘청거렸고, 자신들이 마주친 것이 무엇인지 잘 모르면서도 서툴게나마 그것을 묘사했고, 이전까지 묘사되지 않았던 것을 묘사할 새로운 언어를 궁리했다. 새로운 것들이 익숙한 것들의 기반을 약화시키는 모습을 지켜보았고, 옛 영토에 소속된 만큼 혹은 그보다 더 많이 새 영토에 소속되었으며, 자신들이 지금 나아가는 그 발걸음으로 발명해내고 있는 새 세상으로 건너갔다.

그것은 발견의 항해였다. 1970년대 페미니즘 운동의 한 가지 중요한 현상은 여자들이 모여서 각자의 경험을 말하는 '의식 고취 모임'이었다. 그 시절 페미니즘의 주역이었던 수전 그리핀으로부터 직접 들은 바에 따르면, 여자들은 처음에는 집안일에 대해서 불평했지만 그다음에는 그동안 그들을 침묵하게 만들고 외롭게 만들었던 수치심을 깨고 강간이나 폭력 같은 어두운 문제들을 말하기 시작했다. 사람들은 시인 뮤리엘 루카이저Muriel Rukeyser의 시구를 자주 인용했다. "한 여자가 자기 삶에 대해서 진실을 말한다면 어떻게 될까? 세상은 터져버릴 것이다." 많은 여자가 자기 삶에 대해서 진실을 말하기 시작하자 어떻게 되었을까? 침묵 자체가 핵심 주제가 되었다.

1977년 오드리 로드는 인종, 젠더, 성적 지향을 함께 다룬 기념비적 강연 겸 에세이 「침묵을 언어와 행동으로 바꾸기」The Transformation of Silence Into Language and Action를 미국 현대어문학협회에서 선보였다(책으로는 1984년 출간되었

다). 짧고, 밀도 높고, 아포리즘적인 그 글에는 선언서 같은
절박함도 감돈다.

내 침묵들은 나를 보호하지 못했습니다. 여러분의 침묵은 여
러분을 보호하지 못할 겁니다. 나는 한마디 한마디 말할 때마
다, 내가 지금도 여전히 찾고 있는 진실을 말하려고 시도할 때
마다 다른 여성들과 접촉했고 그 과정에서 우리는 서로의 차이
를 넘어 모두가 원하는 세상에 어울리는 언어를 찾아보았습니
다. 바로 그 여성들의 관심과 보살핌이 내게 힘을 주었습니다.

로드는 침묵을 깨는 것이 용감한 행위일 뿐 아니라 창조
하는 행위라고 말했다. "여러분이 아직 찾지 못한 말은 무
엇입니까? 여러분이 말할 필요가 있는 말은 무엇입니까?
(…) 우리가 지금 이 자리에 함께 있는 건 각자 어떤 식으
로든 언어에, 언어의 힘에, 우리에게 불리하게 사용되어
온 언어를 되찾는 일에 헌신한다는 공통점 때문입니다."
1978년 자메이카 출신의 작가 미셸 클리프Michelle Cliff
는 까다로운 진실을 회피하는 것과 탐구하는 것 모두
에 대해서 말한 글, 「말하지 못함에 관한 메모들」Notes on
Speechlessness을 발표했다. "물러나는 것과 유머는 둘 다 말
하지 못함의 한 종류이다. 엄연히 존재하는 것을 숨기거나
시시한 것으로 치부하는 태도 또한 일종의 말하지 못함이

다." 클리프는 악몽에 대해서 썼고, 짧게 조각난 단락들로 썼고, 자신뿐 아니라 정치와 문학의 역사에 대해서 썼고, 자신이 레즈비언임을 공개했다. 이성애자로 행세하는 것은 가면극처럼, 진실을 에두르는 다른 길처럼 느껴진다고 썼다. 글은 이제껏 자신을 지워온 것을 이제는 자신이 지우려 애쓰겠다는 말로 맺는다. "이것은 나 자신의 언어를 찾겠다는 말과 다르지 않다. 어쩌면 여자들이 할 일은 바로 이것인지도 모른다."

클리프의 연인이자 파트너였던 에이드리언 리치는 한 시집의 제목을 '공통 언어를 향한 소망'이라고 지었다. 그 시집의 핵심에 해당하는 시의 제목은 「침묵의 지도학」 Cartographies of Silence이다. 시는 "대화는 시작된다/거짓말로"라고 시작되어 "인정받지 못한 목소리의 비명"에 대해 말한다. 긴 시의 끝에서, 진실은 새로이 자라나는 초록처럼 터져나온다. 침묵에 대해서 말했던 여성들은 그리핀과 리치를 비롯하여 레즈비언인 경우가 많았고, 몇몇은 클리프와 로드처럼 그에 더해 흑인이었다. 교차성intersectionality이라는 용어가 널리 쓰이기 시작한 건 최근의 일이지만, 이 여성들은 하나 혹은 여러개의 교차점에서 행동한다는 것이 무엇인지 진작부터 이해하고 있었다. 리치의 저 시집은 클리프의 글이 발표되기 일년 전에 출간되었으며, 그 속에는 리치의 풍성한 작품 목록에서 처음으로 선보인 레즈비언

연애시들도 담겨 있었다.

2년 뒤인 1979년 리치는 『거짓말, 비밀, 침묵에 관하여』 *On Lies, Secrets, and Silence*라는 에세이 선집을 냈다. 앞에서 인용했던 울프의 『자기만의 방』에 대한 비평이 이 책에 실려 있었다. 책의 다른 글에서 리치는 이렇게 말했다.

> 페미니즘의 침묵 깨기 덕분에 인생이 바뀐 여자라면 누구나, 자신의 뇌세포에 흐릿하고 의심스러운 윤곽으로 담겨 있을 뿐 차마 꺼내 물을 순 없었던 어떤 질문이 계기가 되어 불현듯 어떤 여자, 오래전 죽은 여자, 그 삶과 경험을 그저 어렴풋이 상상만 해볼 수 있는 여자가 남긴 어떤 문장이나 글귀나 이미지를 갑자기 이해하게 되었던 경험이 있었다는 것을 돌이켜 떠올릴 수 있을 것이다.

여자들은 한때는 물을 수 없었던 질문들을 이제는 물었다. 1980년 리치는 「의무적 이성애와 레즈비언의 존재」 Compulsory Heterosexuality and Lesbian Existence라는 기념비적 에세이를 평론 목록에 더했다. 이 글에서 리치는 전체 여성 중 상당한 비율을 차지하는 이들의 정체성과 활동이 간과되거나 배제되고 있다고, 그 때문에 모든 사람의 삶의 가능성과 이해의 가능성마저 왜곡되고 있다고 지적했다. 리치는 당시 인기 있던 한 페미니즘 책에 대해 이렇게 비판했다. "특히 마녀, 독신녀, 비혼주의자, 미혼 여성, 자율적 과부, 그리고/혹은 레즈비언으로서 그동안 다양한 수준으로 협력을 해오지 않았던 여성들의 역사를 무시했다. 하지만 바로 그 역사야말로 페미니스트들이 배울 것이 너무나 많은 이야기, 전체적으로 침묵이 너무 두껍게 덮여 있는 이야기이다." 리치는 훌륭한 탐험가였다.

리치는 이성애가 규범으로 통용되는 상황에 의문을 제기했다. "대부분의 여자들이 이성애자로 태어난다는 가정은 많은 여성에게 이론적·정치적 장애물로 기능한다. (…) 이성애를 일종의 관습으로서 점검하기를 거부하는 것은 자본주의라는 경제 체제나 인종차별적 카스트 제도가 다양한 힘에 의해 유지되고 있다는 사실을 인정하지 않는 것과 마찬가지다." 리치는 레즈비언들이 어떻게 스스로를 침묵시켜왔는지를 말하고, 이성애는 자연스러운 게 아니라 "강제되고, 관리되고, 조직되고, 선전되고, 힘으로 유지되어야 했던 것"일 수도 있다고 말했다. 마치 물리적 도시가 건설되는 것처럼, 여러 사업과 노동과 결정과 욕망이 누적됨으로써 새로운 생각과 가능성의 도시가 지어지고 있었다. 그리고 그 도시에 여자들이 거주하기 시작했다.

1970년대 페미니즘은 인식에 따르는 기쁨과 분노, 그리고 설령 끔찍한 내용일지라도 인식했을 때 얻게 되는 힘으로 가득했다. 일단 인식한 것은 수정하거나 거부할 수 있으니까. 작가 엘레나 페란떼Elena Ferrante는 나폴리 4부작의 세번째 편『떠나간 자와 머무른 자』에서 1970년대에 주인공이 페미니즘 분석을 발견한 장면을 이렇게 묘사했다. "어떻게 이런 게 가능할까? 어떻게 여자가 이렇게 생각할 줄 알게 되었을까? 나도 책이라면 열심히 읽었지만, 내용을 그냥 받아들였을 뿐 한번도 실제로 활용해보진 않았다. 그 내용으로 그 자체를 반박해보진 않았다." 주인공은 자기자신, 자기 젠더, 자기 언어의 가능성을 인식하지 못하도록 제약하는 가정들을 벗어나서 세상을 보면 어떻게 보이는지를 처음 깨달았던 것이다.

그 시절의 몇몇 페미니스트들, 특히 캐서린 매키넌과 앤드리아 드워킨Andrea Dworkin은 언어와 재현의 한 형태, 즉 포르노그래피에 대해서 그것이 여성의 예속에 기여한다는 이유로 반대했다. 그들의 주장은 행진, 시위, 법정 소송, 금지로 이어졌지만 그 금지는 표현의 자유를 근거로 도로 뒤집혔다. 한편 페미니즘 운동의 또다른 활동가들은 포르노그래피를 그 자체로, 혹은 표현의 자유를 이유로 옹호했다. (『우리한테서 떨어져』Off Our Backs라는 반항적인 반포르노 잡지 이름은 『우리한테 붙어줘』On Our Backs라는 레즈비언 성애 잡지 이름으로 패러디되어 조롱당했다.) 포르노에 반대하는 페미니스트들은 심한 비방을 들었다. 그들은 마치 청교도적 주장을 내세우는 단일 조직인 것처럼, 해방적인 방종을 좌절시키는 사람들인 것처럼 잘못 기억되었다.

그러나 현실은 그보다 더 복잡했다(그리고 여성혐오적 포르노그래피가 현실에서 여성혐오를 부추기고 조성할 수 있다는 의견은, 재현에는 힘과 영향력이 있다는 합리적인 생각을 받아들이는 사람이라면 누구든 인정할 수밖에 없을 것이다). 요즘 인터넷상의 괴롭힘 문제를 둘러싸고 제기된 것처럼, 당시에도 만약 어떤 발언의 의도가 타인의 권리와 말하고 경청될 능력을 깔아뭉개려는 것이라면 그 경우 표현의 자유를 어떻게 봐야 하는가 하는 의문이 제기되었다.

수전 그리핀의 1981년 책 『포르노그래피와 침묵』은 여기에 대해서 독창적인 주장을 내놓았다. 그리핀은 주류 포르노그래피는 해방적인 발언, 즉 경청될 자격이 있는 자유로운 목소리가 아니라 특정한 종류의 억압이라고 주장했다. 그리핀은 이렇게 말했다. "포르노그래피는 인간의 에로틱한 감정과 욕망의 표현, 육체적 삶에 대한 사랑의 표현이 아니다. 오히려 육체적 지식에 대한 두려움의 표현, 에로스를 침묵시키려는 욕망의 표현이다." 그리핀이 보기에 포르노그래피는 에로틱하지 않고——에로틱하다는 것이 육체, 자아, 감정, 타자를 온전하게 개방적으로 경험하는 것을 뜻한다면 말이다——오히려 그 반대이다. "기독교 형이상학으로 가득한 것 (…) 오래된 대성당 부지에 세워

108

진, 옛 건물과 같은 기반을 공유하는 현대식 건물"이다.

그 기반에는 육체적인 것에 대한 혐오, 욕망에 대한 분노, 그 욕망과 분노를 여성에게 투사하는 태도가 있다. "우리는 포르노그래피의 '여성'은 반유대주의의 '유대인'이나 인종주의의 '흑인'처럼 우리 영혼의 잃어버린 부분에 해당한다는 것, 포르노그래피적이거나 인종주의적인 우리마음이 잊고 부정하는 존재의 영역이라는 것을 깨닫게 될 것이다." 그리핀은 이후 그 반대를 추구하는 작업을 많이 했다. 우리가 존재하고, 꿈꾸고, 생각하고, 사랑할 수 있는 공간, 에로틱한 것과 관능적인 것을 예찬할 수 있는 공간을 더 많이 기억하고, 인정하고, 확장시키는 작업을.

포르노그래피 논쟁은 끊이지 않았다. 1993년 철학자 레이 랭턴Rae Langton은 탁월하고 엄밀한 에세이 「말하는 행위와 말할 수 없는 행위」Speech Acts and Unspeakable Acts에서 이 주제를 다루었다. 랭턴의 탐구와 분석은 포르노그래피를 넘어선 영역에까지 빛을 비춘다. 랭턴은 우선 논쟁의 초점을 재설정하여, 말의 내용이 아니라 말이 하는 일, 말이 품은 힘에 주목한다. 그가 지적하듯이 우리는 언어를 써서 결혼하고, 투표하고, 평결하고, 명령한다. 혹은, 우리에게 그럴 힘이 없을 때는, 하지 못한다. 주인이 노예에게 "먹을 것이 필요하다"라고 말하는 건 명령이지만, 노예가 같은 말을 하는 것은 호소다. 각자가 지닌 힘이 말의 의미와 말이 할 수 있는 일을, 혹은 할 수 없는 일을 전적으로 결정하는 것이다.

랭턴은 포르노그래피가 그저 오락만은 아니며 지침으로도 권위를 지닌다고 주장했다. 그는 남자아이들과 젊은 남자들 중 많은 비율이 남자의 만족을 권리로 여기지만 여자의 권리는 중요하지 않은 것으로 여긴다는 사실을 보여주는 증거를 인용하고, 데이트 강간 통계와 고통스러워하는 여자를 에로틱하게 느끼는 남자들에 관한 통계를 나열하며, 이런 현상들이 모두 포르노 문화와 연관되어 있음을 보여주었다. 랭턴은 침묵을 세 종류로 나누었다. 첫번째는 협박이나 패배에 따라오는 문자 그대로의 침묵이다. 두번째는 말하는 사람은 있지만 듣는 사람이 없는 경우, 반응이 없는 경우다. 마지막으로 랭턴은 이렇게 말했다. "포르노그래피는 여성이 자신의 말로 무언가를 하지 못하도록 막음으로써 여성을 침묵시킨다."

이 세번째 종류의 침묵은 "누군가 입을 열었을 때, 말을 뱉었을 때, 그러나 (…) 그 말로 의도했던 행동을 수행하는 데는 실패했을 때 생겨난다." 그 행동이란 금지하는 것, 싫다고 말하는 것이다. "우리는 실제로 누군가의 말하는 행위를 말할 수 없는 것으로 바꿈으로써 (…) 그를 침묵시킬 수 있다. (…) 가령 '싫다'는 말을 생각해보자. 우리는 모두 이 단어로 어떤 일을 해내는 방법을 잘 알고 있다. 하지만 성적인 맥락에서는 가끔 이상한 일이 벌어진다. 여자가 섹스를 거부하기 위해서 '싫다'는 말을 사용하려고 하지만 말이 제대로 작동하지 않는 것이다. 거부는—이 맥락에서는—여자가 말할 수 없는 것이 된다. 이 경우, 거부는 좌절된 것이 아니라 애초에 쓸 수 없는 것이었다." 랭턴은 이 현상에 숨은 의미까지 탐구한다. "이런 포르노그래피에서 게임의 규칙을 배운 사람은 여자가 거부를 시도했다는 사실 자체를 깨닫지 못할 수도 있다."

2016년 펴낸 『소녀들과 섹스』*Girls and Sex*에서, 페기 오렌스타인Peggy Orenstein은 이런 목소리 삭제가 현실에서 실제 벌어진다고 주장하면서 이렇게 말했다. "인기 포르노 속 행위를 조사한 결과, 무작위로 고른 304개 장면 가운데 90퍼센트 가까이가 여성에 대한 물리적 공격을 담고 있었으며 이때 여성은 거의 늘 중립적으로 반응하거나 즐겁게 반응했다. 이보다 더 음험한 사실은, 가끔 여자가 파트너에게 그만두라고 말하지만 그러다가도 이내 순종하여 아무리 고통스럽고 수치스러운 행위라도 차츰 즐기기 시작한다는 것이다." 오렌스타인은 또 이렇게 말했다. "최근 포르노를 봤다고 응답한 남녀 대학생들은 그렇지 않은 학생들보다 '강간 신화', 즉 성폭행은 낯선 사람에게만 당하는 일이라거나 피해자가 '자초한' 일이라는 착각에 더 많이 빠져 있는 것으로 여러차례 확인되었다. (…) 여성 포르노 시청자들은 다른 여자가 위협당하거나 폭행당하는 모습을 보았을 때 덜 개입하는 편이었고, 자신이 위험에 처했을 때도 그 사실을 인식하는 데 더딘 편이었다." 요컨대 포르노그래피는 남자뿐 아니라 여자에게도 지침으로 작용하고, 그 지침이 그들로 하여금 여성의 목소리를 못 듣도록, 심지어 자기자신의 목소리도 못 듣도록 만든다는 것이다. 침묵은 여러 갈래의 길로 움직인다.

가끔 나는 포르노란 남성의 특권을 더욱더 강화하고 여성이 획득한 힘에 대한 복수 행위를 쉼 없이 상연함으로써 남자들에게 보상을 안기는 평행우주가 아닐까 하고 생각한다. (몇년 전, 샘 벤저민Sam Benjamin은 주류 포르노의 수도라고 불리는 샌퍼낸도밸리에서 신출내기 감독으로 일했던 경험에 대해 이렇게 말했다. "내게 명시적으로 주어진 임무는 여자들을 확실히 발가벗기는 것이었지만, 감독으로서 내 진짜 책임은 여자들을 확실히 벌주는 것이었다.") 요즘의 무수한 포르노들은 무수히 다양한 형태를 띠며, 그중에는 분명 예외도 많다. 하지만 주류 포르노들은 대체로 에로스의 힘을 보여주기보다는 힘의 성애화를 보여주는 듯하다. 이성애로 묘사되는 행위 가운데 많은 부분은 사실 남성적 승리에 대한 동성애적 매혹이다. 그것은 여성이 끊임없이 패배하는 모습에서 흥분을 느끼는 스포츠에 가깝다.

침묵과 수치심은 전염된다. 그러나 용기와 발언도 전염된다. 요즘도 한 여자가 자신의 경험을 말하기 시작하면, 다른 여자들이 뒤따라 나서서 앞선 발언자의 말을 보강하고 자신의 경험을 공유한다. 벽돌 한장이 느슨해지고, 또 한장이 느슨해진다. 그러다 댐이 터지고, 물이 쏟아져 들어온다. 1970년대와 1980년대에 여자들이 자신이 어릴 때 성추행당했던 경험이나 성인이 되어 성희롱 및 성폭행당했던 경험을 공개적으로 말하기 시작했던 것은 현실에 큰 영향을 미쳤다. 덕분에 법과 법 집행이 바뀌었다. 그러나 한편으로 그런 이야기들은 권위가 누리는 면책특권에 대한 공격이기도 했다. 그동안 권위는 가부장제와 구별할 수 없는 경우가 많았기 때문이다. 그런 이야기들은 우리가 권위를 반드시 신뢰할 필요는 없다는 것, 권력은 악용될 수 있다는 것을 알려주었다.

그것은 오늘날 60년대라고 불리는 위대한 반권위주의 봉기의 일부였다. 하지만 요즘 그 60년대는 젊은 백인 남자들과 대학생들의 반전운동으로 축소되어, 그밖에도 많은 운동들이 — 흑인뿐 아니라 아메리카 원주민과 라틴계와 아시아계까지 아우른 시민권 및 인종차별 금지 운동, 게이와 레즈비언 권리 운동, 장애인 권리 운동, 환경주의와 반식민주의와 반자본주의 비평 등이 — 대화의 기틀을 바꾸는 데 기여했다는 사실은 간과되곤 한다. 그 과정은 부의 재분배와 비슷했으나, 이때 재분배된 것은 경청될 능력, 신뢰받을 능력, 가치, 참여, 힘, 권리였다. 그것은 대대적인 균등화 작업이었고, 그 작업은 지금까지 진행되고 있다. 침묵에서 벗어난 사람들을 도로 침묵으로 밀어넣으려는 반격이 등장했음에도 말이다.

그리고 2010년대 들어 다시 한번 새로운 페미니즘 대화의 장이 열렸다. 한편으로 이 현상은 여러 잔혹한 문제들에 대한 반응이었고, 그 잔혹한 문제를 둘러싼 침묵이 깨진 데 대한 반응이기도 했다. 이를테면 캠퍼스 강간에 관한 대화가 그랬다(스스로 강간 생존자인 경우가 많은 학내 활동가들 덕분이었다). 수많은 사연이 유례없는 규모로 널리 관심을 끌었다. 여성혐오가 그나마 덜한 일부 주류 언론, 그리고 소셜미디어나 대안 언론의 페미니스트들이 만난 교차점에서는 격렬할 만큼 활발한 대화가 새롭게 일어났다.

최근 몇년 동안 눈에 띄는 젠더폭력 사건이 계기가 되어—가령 샌타바버라의 아일라비스타Isla Vista 대량 살인, 캐나다 방송인 고메시의 여성 폭행, 뉴저지에서 풋볼 선수 레이 라이스Ray Rice가 휘두른 가정폭력, 스탠퍼드 대학 강간 사건—여자들이 소셜미디어에서 증언을 쏟아낸 경우가 여러번 있었다. 어떤 여자들은 그저 해시태그를 공유했다. #yesallwomen(여자들은 다 겪는다), 가정폭력에 대해서 말했던 #whyIstayed(나는 왜 참았나)와 #whyIleft(나는 왜 헤어졌나), 고메시의 피해자들을 지지했던 #ibelieveher(그녀를 믿는다), 2016년 스탠퍼드 사건에 대한 반응이었던 #iwasrapedtoo(나도 강간당했다) 등 그리고 2700만개가 넘는 트윗에 달렸던 #notokay(괜찮지 않다)는 여자들이 각자 겪은 성폭력을 털어놓은 해시태그로, 당시 대통령 선거 후보자였던 도널드 트럼프가 여자의 "보지를" 움켜쥔 얘기를 하는 비디오테이프가 공개된 데 대한 반응이었다.

가끔 남자들도 해시태그 공유나 발언자 지지에 참여했다. 이 책의 다른 글에서 자세히 말하겠지만, 남자들이 여성의 권리와 페미니즘을 위해서 적극 발언하고 행동하게 된 것은 최근 몇년 동안 우리가 전진하며 떼어온 발걸음 중 하나였다(뒷걸음질도 많았지만 말이다). 한편 소셜미디어는 여성에 대한 폭력과 여성혐오에 대해서 발언하는 여자들을 침묵시키려는 움직임이 격렬하게 펼쳐진 장이기도 했다. 특히 트위터에서는 강간 및 살해 협박이 길게 이어졌다. 소셜미디어는 침묵을 깨려는 사람들과 겁박으로 침묵을 강제하려는 사람들 모두에게 새로운 플랫폼이 되어주었다. "온라인 괴롭힘은 길거리 성희롱의 지적 버전이다." 미디어 비평가 제니퍼 포즈너Jennifer Pozner는 흑인 배우 레슬리 존스Leslie Jones가 트위터에서 희롱, 모욕, 괴롭힘을 견디다 못해 트위터를 그만두는 사건이 발생했을 때 이렇게 말했다. "그것은 여자가 공적 공간에 있다는 이유로 그를 단속하고 처벌하려는 시도다. 성인 남자들과 남자아이들이 이렇게 말하는 것이다. '우리 놀이터에서 꺼져.'"

『가디언』이 2016년 악의적인 댓글들을 조사한 결과에서도, 가장 공격을 많이 받은 칼럼니스트 중 8명은 여자였고, 2명은 비백인 남성이었다. 그중에서도 제일 많이 공격 받은 사람은 페미니스트 제시카 발렌티Jessica Valenti였다. 온라인에서 여성을 침묵시키려는 최근의 이런 움직임은 끝나려면 아직 한참 멀었지만, 여러 정황으로 보아 그것은 반발이다. 지금까지 전진한 것들을 뒤로 물리려는 시도, 지금까지 들린 목소리들을 도로 침묵시키려는 시도다.

세상에는 늘 말해지지 않았지만 말해져야 할 것들이 있을 테고, 자신의 이야기를 말할 언어와 의지를 찾으려고 애쓰는 여자들이 있을 것이다. 우리는 누구나 매일 세상을 발명하고, 그 세상을 만나는 자아를 발명하고, 그 세상 속에서 타인을 위한 공간을 열어주거나 닫아버린다. 침묵은 늘 깨지고 있고, 찰랑찰랑 밀려온 파도가 발자국과 모래성과 물에 씻긴 조개껍데기와 해초를 덮는 것처럼 다시 차오르기도 한다.

우리는 자신에 대한 이야기와 세상에 대한 이야기를 따

로 또 함께 씀으로써 자신의 일부를 만든다. 그동안 젠더에 대한 생각을 고쳐 쓰고 침묵을 깰 권리에 도전함으로써 세상을 다시 써온 페미니즘의 위대한 경험은 놀랍도록 성공적이었지만, 아직도 턱없이 부족하다. 수천년 된 사회적 틀을 바로잡는 일은 한 세대나 몇십년의 작업으로 될 일이 아니다. 그것은 기나긴 시간을 들여야 하고 종종 전투에도 휘말려야 하는 창조와 파괴의 과정이다. 그것은 참으로 사소한 일상의 몸짓과 대화뿐 아니라 국가적이고 세계적인 규모에서 법·신념·정치·문화를 바꾸는 일까지 포함하는 작업이고, 가끔은 전자가 누적되어 후자가 이루어진다.

세상의 모든 것을 그 진정한 이름으로 부르는 일, 힘 닿는 데까지 진실을 말하는 일, 어떻게 우리가 여기까지 왔는지를 아는 일, 특히 과거에 침묵당했던 사람들의 말을 들어주는 일, 수많은 이야기가 서로 들어맞거나 갈라지는 모습을 바라보는 일, 혹시 우리가 가진 특권이 있다면 그것을 사용해서 특권을 없애거나 그 범위를 넓히는 일. 이 모든 일이 우리가 각자 해야 할 일이다. 우리는 그렇게 세상을 만든다.

THE MOTHER OF ALL QUESTIONS

봉기의 해

나는 2014년이 가져온 것을 평생 기다려왔다. 2014년은 남성의 폭력에 항거하는 페미니즘 봉기의 해였다. 침묵하지 않겠다는 거부, 우리 삶과 고통이 지워지거나 무시되도록 좌시하지 않겠다는 거부가 무럭무럭 커진 해였다. 조화로운 시간은 아니었지만, 조화는 할 말이 있는 사람들을 억압하여 사들이는 것일 때가 많다. 2014년은 시끄럽고, 부조화스럽고, 아마도 혁명적인 해였는데, 그것은 중요한 일들이 말해졌기 때문이다. 그 말들이 다 새로운 내용은 아니었지만, 우리 가운데 더 많은 사람들이 더 단호하게 말했고, 과거 어느 때보다 경청되었다.

　2014년은 여성과 페미니즘의 분수령이었다. 우리가 강간, 살인, 구타, 길거리 성희롱, 온라인 협박 등 여성에 대한 폭력의 전염병을 잠자코 받아들이기를 거부했기 때문이다. 여성의 목소리는 유례없이 느껴지는 힘을 얻었고,

대화는 통째 바뀌었다. 구체적인 진전도 있었지만, ─ 가령 캘리포니아에서는 "예스가 예스다"Yes Means Yes라는 모토로 불리는 캠퍼스 내 성적 합의에 관한 법이 제정되었다 ─ 그런 변화는 집단의 의식에 일어난 엄청난 변화로 인한, 상대적으로 사소한 결과였다. 그동안의 문제는 법만이 아니었다. 아내 구타를 금하는 법은 19세기부터 있었지만 1970년대 말까지는 시행되는 경우가 드물었고, 요즘도 가정폭력이라는 전염병을 저지하지 못하고 있다. 근본적인 문제는 문화다. 그리고 그 문화가 ─ 전세계에서, 많은 문화들이 ─ 바뀌기 시작했다.

2014년을 달마다 서로 다른 탄생화나 탄생석을 부여한 귀여운 달력의 패러디로 봐도 좋을 것이다. 1월은 가넷의 달이 아니었다. 우리가 드디어 온라인 협박에 대해 이야기하기 시작한 달, 딜런 패로Dylan Farrow가 자신이 일곱살 때 양아버지에게 성추행당했다고 증언한 달이었다. 4월의 대화는 나이지리아에서 납치된 여학생들, 그리고 여자친구를 때리는 모습이 비디오에 녹화된 어느 실리콘밸리 갑부에 관한 것이었다. 5월은 에메랄드의 달이 아니었다. 캘리포니아 아일라비스타에서 한 젊은 여성혐오자가 여섯명을 살해한 달, 그리고 여성과 폭력에 관한 강력한 온라인 시위가 그득했던 일년 가운데 가장 강력한 촉매였다고 할 해시태그 #yesallwomen(여자들은 다 겪는다)이 탄생한 달이었다.

9월은 투르말린의 달이 아니었다. 미국 풋볼 선수 레이 라이스가 엘리베이터에서 약혼자를 때려눕히는 모습이 담긴 비디오테이프가 공개된 달, 사람들이 다시 가정폭력을 이야기하기 시작하여 해시태그 #whyileft(나는 왜 헤어졌나)와 #whyistayed(나는 왜 참았나)가 유행한 달이었다. 10월에는 마침내 길거리 성희롱에 대한 대화가 활발하게 벌어졌고, 캐나다의 유명 라디오 진행자 지안 고메시에게 폭행당했다고 주장한 여성 열다섯명의 증언에 열렬한 반응이 쏟아졌다.

위에 나열된 혐의들이 모두 진실로 밝혀진 것은 아니었다. 하지만 몇몇 사건에서는 이제껏 대대적으로 보도되는 경우가 드물었던 범죄들이 — 보도되더라도 고립된 단독사건으로 취급되거나 이런저런 방식으로 무시되었던 범죄들이 — 실은 진정한 사회적 위기인 특정 패턴의 폭력 중 일부라는 사실을 드디어 많은 사람이 인식하게 되었다. 충분히 많은 여자가 이제 더이상 해묵은 문제들을 무시할 수 없다고 말했고, 그들의 목소리가 경청되었다. 그래서 말할 권리가 있는 사람들의 원과 경청될 권리가 있는 사람들의 원이 더 넓어졌으며, 그 둘은 완전히 같진 않지만 따로 뗄 수는 없다.

나는 『걷기의 인문학』에서 젊은 여자였을 때 겪었던 경험을 이렇게 말했다.

내 인생에서 가장 처참한 발견은 집 밖에서는 사실상 내게 삶, 자유, 행복 추구의 권리가 없다는 것, 세상에는 그저 내 젠더 때문에 나를 미워하고 해치고 싶어하는 낯선 이가 많다는 것, 섹스가 너무 쉽게 폭력이 된다는 것, 이것을 사적인 문제가 아니라 공적인 문제로 여기는 사람이 거의 없다는 것이었다.

그 시절 사람들이 내게 해준 조언은 이 상황이 잘못되었으니 바뀌어야 한다는 게 아니라 내 생활을 바꾸거나 제한하라는 거였다.

예나 지금이나 이것은 피해자를 비난하는 사고방식이다. 공공 공간을 (혹은 남자들을) 바꿔서 여자들이 괴롭힘당하지 않고 길을 걸을 권리를 찾아주자고 말하는 대신에 여자들에게 공공 공간에서 존재하는 방식을 바꾸라고 말하는 것, 심지어 그냥 포기하고 집 안에만 있으라고 말하는 것 말이다. 여자가 남자에게 공격당한 경우라면 거의 모든 상황에서 사람들은 이렇게 여자를 비난하는데, 그것은 남자를 비난하지 않으려는 방편이다. 내가 2014년에 평생 읽었던 것보다 더 많은 강간 재판 기록, 피해자 증언, 살인과 구타와 협박의 기록, 강간하겠다는 트윗과 여성혐오적 댓

글을 읽으면서도 기뻤다고 말할 수 있는 건, 이제 여성에 대한 폭력이 공적인 문제가 되었기 때문이다. 이제서야.

분수령을 기다리며

왜 이 문제가 마침내 전면으로 부상했을까? 왜 오래 참았던 것이 갑자기 참을 수 없는 게 되었을까? 달리 말해, 왜 그것을 참을 수 없다고 여기는 사람들이 마침내 대화에 참여하게 되었을까? 왜 오래 쉬쉬되고, 윤색되고, 멸시되고, 무시되었던 것을 이제는 말할 수 있게 되었을까? 나는 이 순간을 몇십년이나 기다렸다.

1994년 6월 니콜 브라운 심프슨Nicole Brown Simpson과 로널드 골드먼Ronald Goldman이 살해되고 심프슨의 전남편에게 심한 구타 및 스토킹 이력이 있다는 사실이 밝혀졌을 때, 나는 그 사건을 계기로 우리가 가정폭력과 여성혐오에 대한 진지한 대화를 나누게 되기를 바랐다(가정폭력은 종종 그 표적의 친구·가족·동료까지 함께 죽이며, 미국에서는 총기 난사의 제일가는 원인이다). 하지만 O. J. 심프슨은 유력한 변호사 군단을 고용했고, 그들은 오히려 그를 피해자로 둔갑시켰다. 그다음에는 로스앤젤레스의 경찰 및 사법 체계의 인종주의, 부패, 무능이 그를 풀어줬다. 그에게 불리한 증거가 산더미만큼 있었는데도 말이다. (나중에 그는 민사재판에서 살인죄에 유죄 평결을 받았다.)

재판은 일년 가까이 질질 끌면서 텔레비전으로 중계되었으나, 가정폭력에 관한 공개 토론은 거의 없었다. 한 변호사는 재판 후 이렇게 말했다.

> 평결이 내려진 뒤 한 배심원은 이런 말을 남겼다. "이건 살인재판인데 왜들 가정폭력 얘기를 하는 거죠?" 배심원들이 가정폭력과 살인의 관계를 이해하지 못했고 우리가 왜 그들에게 가정폭력에 관해서 설명하는지 납득하지 못했다는 걸 안 순간, 나는 우리가 살인은 가정폭력의 흔한 결과라는 사실을 사람들에게 제대로 이해시키지 못하고 있다는 걸 깨달았다.

세계보건기구WHO의 최근 조사에 따르면, 전세계 여성 살인 피해자의 38퍼센트가 친밀한 파트너에게 살해된다.

4년 뒤인 1998년 와이오밍주 래러미에서 매슈 셰퍼드 Matthew Shepard가 살해된 사건은 전세계에 동성애혐오에 대한 관심을 일으켰다(정말로 셰퍼드의 성적 지향이 살인자의 동기였는가에 최근 의문이 제기되기는 했다). 셰퍼드가 살해되기 한해 전, 대프니 설크Daphne Sulk라는 열다섯살 소녀가 래러미 외곽에서 시체로 발견되었다. 알몸에, 멍투성이에, 여러군데 칼에 찔린 상태였다. 소녀의 애인이었던 서른여덟살 남자는 (아이가 법정 성관계 합의 연령에 못 미쳤으니 차라리 추행범이라고 해야겠다) 셰퍼드가 죽은 직후 — 계획적 살인이 아니라 — 우발적 살인죄를 선고받았다. 그런데 설크의 죽음을 놓고는 전국적 분노가 일지 않았고, 같은 해 여름 역시 래러미에서 강간당한 뒤 살해된 여덟살 소녀 크리스틴 램Christin Lamb의 죽음에 대해서도 마찬가지였다.

세 죽음은 하나같이 추악했지만, 그중 둘은 뉴스라고 하기 어려웠다. 여성에 대한 다른 무수한 폭력 범죄들과 다르지 않은 일상적 사건이었기 때문이다. 이런 범죄들은 용케 신문의 안쪽 면을 벗어나서 크게 보도되더라도 단독 사건으로 간주된다. 비정상적 개인이 저지른 범죄로만 여겨지는 것이다. 그동안 백인 소녀나 여성이 살해되었을 때 자극적인 보도가 쏟아지는 경우는 있었어도, 2014년처럼 분노가 들끓은 적은 없었다. 사람들은 이것이 하나의 패턴의 일부이며 그 패턴이 바뀌어야 한다고 선언한 것이었다.

왜 특정한 한 사건이 인내의 한도를 넘어서게 만드는 결정적 계기가 되는지는, 늘 조금은 수수께끼다. 왜 다른 사건이 아니라 하필 2010년 말 튀니지에서 모하메드 부아지지Mohammed Bouazizi의 자살이 아랍의 봄 혁명을 개시했을까? 왜 미주리주 퍼거슨에서 마이클 브라운Michael Brown이 살해된 사건이 과거에 경찰이 젊은 흑인 남자를 죽였던 다른 사건들과는 달리 미국 전역에서 몇달이나 이어진 항의 시위를 낳았을까? 그것은 누적된 긴장의 폭발, 인내의 고갈, 이제까지의 상황에 대한 분노, 그리고 이보다 더 나은 상황이 가능하고 가능해야만 한다는 희망이다. 내가 사는 동네는 지진이 잦다. 여기 사는 사람들은 갑작스런 진동에 앞서서 몇년 혹은 몇십년 혹은 몇백년 동안 긴장이 누적된다는 걸 안다. 그러나 그렇다고 해서 지진이 언제 올지를 미리 알 수 있는 건 아니다.

여성에 대한 폭력으로 말하자면, 긴 침묵을 파열시킨 것은 2012년 말 벌어진 세 사건이었다. 첫째는 오하이오주 스튜번빌의 남자 고등학생들이 의식을 잃은 미성년자를 집단 성폭행한 사건이었다. 둘째는 매사추세츠주 애머스트 대학의 학생 앤지 에피파노Angie Epifano가 강간 피해자로는 보기 드물게 자신의 경험을 공개적으로 밝힌 일이었는데, 그는 자신이 강간당한 사실을 학교에 알렸지만 학교는 성폭행범은 자유롭게 내버려두고 오히려 피해자인 그를 처벌했다. 셋째는 인도 뉴델리에서 버스에 탔던 젊은 여자가 집단 강간당한 사건이었는데, 어찌나 폭력적인 성폭행이었던지 피해자는 부상으로 죽고 말았다. 이윽고 지진이 일어났을 때, 그 이유는 무엇이었을까? 내가 생각하는 이유가 몇가지 있다.

우선, 이런 사건들이 발생한 세상이 이미 바뀌어 있었

다. 이전 세대들의 획기적인 노력 덕분에, 중요한 문제에 관한 페미니스트들의 목소리는 정상적인 것, 대체로 주류에 속하는 것이 되었다. 이제 그 목소리는 여성 매체나 소규모 진보 웹사이트뿐 아니라 주요 신문과 잡지에도 실린다. 그리고 그 목소리는 여성에 관련된 쟁점을 그릇되게 묘사하고, 하찮게 치부하고, 침묵시키려는 힘을 종종 잘 막아내는 방벽이 되었다.

또다른 요인은 소셜미디어의 부상이다. 인터넷은 이상한 곳이다. 포챈에서 레딧, 앙심을 품고 타인의 성적 영상물을 유포하는(일명 '리벤지 포르노') 사이트까지, 게이머게이트의 거짓 분노와 진짜 혐오까지, 트롤(온라인에서 일부러 분탕을 일으키는 사람들을 부르는 말—옮긴이)과 여성혐오자와 혐오발언자가 날뛰는 곳이다. 특히 트위터는 나서서 말하는 여자들을 침묵시키고 겁주기 위한 강간 및 살해 협박을 세상에서 가장 효율적으로 전달하는 수단이 되었다. 그러나 최선의 상태일 때 소셜미디어는 사용자들이 이용하기 나름이고, 아랍의 봄 혁명에서 이번 페미니즘 봉기까지 활동가들은 소셜미디어를 활용하여 그것이 우리 삶과 세상이라는 드라마에서 그리스 고전의 코러스 같은 역할을 맡도록 만들었다.

가끔 대규모 정치 시위에서 — 예를 들면 2003년 초 이라크 전쟁 반대 시위에서 — 수많은 시위자가 저마다 주장, 농담, 사실을 손으로 쓴 플래카드를 들고 나오면, 각각의 간결한 말들이 모여서 다양한 시각을 아우르는 하나의 큰 논평을 형성한다. 소셜미디어도 같은 일을 해낼 수 있다. 댓글 하나하나가 모여서 논증을 형성하고, 도전하고, 시험하고, 보강한다. 더 긴 논증은 블로그, 에세이, 기사 형태로 유통된다. 그것은 꼭 생각들의 헛간 짓기처럼 보인다. 셀 수 없이 많은 사람이 자신의 경험, 통찰, 분석, 신조어, 개념 틀을 가져와서 협동하는 것이다. 그러고 나면 이제 그것은 일상의 일부로 녹아들고, 그렇게 되는 순간 세상은 이미 바뀐 것이다. 그러고도 더 시간이 흐르면, 한때 급진적이었던 생각은 이제 워낙 매끄럽게 일상에 엮여들었기에 사람들은 그것을 자명한 생각으로, 누구나 늘 알았던 생각으로 여긴다. 하지만 그렇지 않다. 그것은 투쟁의 결과다. 폭력의 투쟁이 아니라 생각과 목소리의 투쟁이 이룬 결과다.

내가 2014년 목격한 그런 순간들 가운데 가장 혁명적이었던 것은 아일라비스타 총기 난사 직후였다. 기억하겠지만, 그것은 '픽업 아티스트'식 여성혐오에 물든 데다가 모든 여자는 자신에게 자신이 원하는 것을 뭐든지 해줘야 한다는 생각, 자신이 여성이라는 젠더 전체에 집단 처벌을 가할 권리가 있다는 생각을 품은 젊은 남자가 여섯명을 죽이고 열네명을 해친 뒤 스스로 목숨을 끊은 사건이었다.

범인은 원래 대학 여학생 사교 모임 회원들을 대량 살인할 계획이었으나 결국에는 제 앞에 나타난 사람을 아무나 죽였고, 그중에는 남자도 있었다. 많은 주류 언론은 이 사건을 정신 이상자가 저지른 단독 사건으로 성급히 단언했지만, 개인들의 강력한 목소리와 소셜미디어의 거대한 집단적 함성은 이 사건이 여성혐오 폭력과 총기 난사라는 보편적 패턴의 한 부분이라고 주장하면서 거세게 반격했다.

페미니즘은 그 이야기의 프레임을 구성하는 데 성공했다. 처음 해시태그 #yesallwomen(여자들은 다 겪는다)을 만들어낸 젊은 여성은 괴롭힘을 참다 못해 잠시 모습을 숨기고 침묵해야 했지만, 그가 시작한 일은 누구도 멈출 수 없었다. 여자들은 자신이 겪은 희롱, 위협, 폭력, 두려움을 말하기 시작했고, 서로의 목소리를 보강했다. 변화는 주변부에서 시작되어 중심부로 옮아오는 법인데, 소셜미디어는 그 주변부를 더 강력하게 만들고 주변부에서 중심부로의 이동을 더 신속하게 만들어준다. 심지어 구분을 흐리기도 한다. 가끔 주류 언론이 소셜미디어나 대안 매체에서 활기차게 벌어지는 공개 토론을 허겁지겁 따라잡기도 하는 것이다.

여성에 대한 폭력을 논하는 공공의 대화가 변하기 시작했다. 온 세상이 갑자기, 그런 폭력이 얼마나 흔하고 어떤 변명들이 거기에 뒤따르는지를 말함으로써 폭력을 해결하는 일보다 자기자신을 변명하는 일에 더 골몰하는 남자들을 비난하기 시작했다. (바로 이 과정에서, 억울해하는 남자들이 반복해서 읊는 표현인 "모든 남자가 다 그렇진 않아"(Not all men…)가 — 예를 들어 "모든 남자가 다 강간범은 아니야"처럼 쓰인다 — #yesallwomen(여자들은 다 겪는다)으로 — 예를 들어 "여자들은 다 어떤 식으로든 강간에 대처해야 해"처럼 쓰인다 — 변형되었다.)

많은 남자들은 이때 — 소셜미디어에서든 다른 곳에서든 — 여자들의 말을 귀담아듣고서 여자들이 오래 견뎌온 현실을 일생 처음 깨달았다. 적극적으로 관여하는 남자들이 등장한 것은 2014년에 새롭고 혁명적인 변화가 이루어졌음을 보여주는 또 하나의 신호였다. 이것은 결정적이다. 왜냐하면 여자들을 위해서 세상을 바꾸는 것은 달리 말해 오래전부터 여성혐오적 행동을 자랑스레 뽐낼 만한 것으로 여겨온 일부 남자들이 받아들이고 칭송하는 가치를 바꾸는 것이기 때문이다. 어떤 남자들은 공개적으로 글을 써서, 자신은 여자들이 어떤 적의와 위험을 매일 접하고 살아가는지 처음 알았으며 이제야 그것을 접하고는 충격을 받았다고 고백했다. 지난 수십년 동안 페미니즘은 여자들의 일로 여겨졌다. 그러나 백인이 아닌 사람들이 백인들의 참여를 끌어들이지 않고는 인종차별을 다룰 수 없는 것처럼, 여자들은 남자들을 끌어들이지 않고서는 성차별을 완화할 수 없다.

규칙이 바뀐 뒤

2014년에 대화의 변화가 규칙의 변화를 끌어냈다는 것을 보여주는 신호로, 연말에 빌 코스비에게 쏟아진 혐의와 캐나다 라디오 스타 지안 고메시에 대한 고발이 어떻게 처리되었는가 하는 것보다 나은 사례는 없을 것이다. 두 남자는 옛 규칙이 여전히 적용된다고 생각했던 것 같지만, 자신이 마지막으로 확인한 이래 세상이 바뀌었다는 사실만 알게 되었다. 그들이 자신에게 제기된 많은 고발을 일축하려고 애쓰는 모습은 꼭 태엽 감기 인형이 막다른 벽에 다다른 모습 같았다. 바퀴는 열심히 뱅뱅 돌았지만 그들은 어디로도 가지 못했다.

고메시는 2014년 10월 직장 내 성희롱을 이유로 캐나다 방송협회CBC에서 해고되었다. 그는 부당 계약 종료 소송을 제기하여 5,500만 캐나다 달러를 요구했고, 유명 홍보 회사를 고용했다. 그보다 더 요란한 대응은 그가 잠재적 고발자들에게 선제 공격을 먹일 요량으로 페이스북에 장황한 글을 올려서 널리 읽히게 만든 것이었다. 내용은 이러했다. "내가 CBC에서 잘린 건 내 사적인 성생활이 공개될 위험이 있기 때문인데, 이는 나한테 차인 옛 여자친구와 웬 프리랜서 작가 하나가 가짜 혐의를 퍼뜨린 결과다."

그는 그 작가와 옛 여자친구가 실제로는 완벽한 합의하에 이뤄졌던 성행위를 악의적으로 왜곡하고 있다고 주장했고, 자신은 성적 소수자라는 이유로, 즉 가학피학성(사도마조히즘) 성애자라는 이유로 공격받는 거라고 주장했다. 요컨대 자기가 피해자라는 거였다.

바로 그 말이 어떤 독자들에게는 경계의 붉은 깃발이었다. 복수심에 사로잡힌 악녀가 남자를 곤란하게 만들기 위해 말짱 거짓말을 지어낸다는 구도는 세상에 떠도는 여러 상투적 서사들 중에서도 아마 가장 지겨운 것이리라. 그것은 성폭행을 당했다고 증언하고 나선 여자들의 말을 깎아내리기 위해서 공식처럼 동원되어온 서사였다. 고메시의 공개적 제스처에 자극받아, 『토론토 스타』는 고메시와의 행위는 합의에 의한 것이 아니었으며 통상적인 성적 행위도 아니었다고 말한(하지만 고메시 자신은 그런 행위에서 흥분을 느끼는 듯했다고 한다) 네 여자의 증언을 바탕으로 기사를 실었다. 여자들은 그가 잔인하게, 또한 느닷없이 폭행했다고 주장했다. 여자들은 이름을 밝히지 않았는데, 자신들이 공격받으리라는 걸 알았기 때문이다. 실제로 처음에는 그들의 증언에 심한 공격이 쏟아졌다.

누군가를 공개적으로 고발한 결과는 보통 불쾌하기 마련이다. 그러나 자기 이야기를 들려줘야만 할 것 같은 마음, 혹은 정의가 이기는 걸 보고 싶은 마음은 썩 내키지 않는 심정을 극복하도록 만든다. 고메시 사건에서도 이후 더 많은 여자가 나섰다. 다섯명이 당장 나타났고, 나중에 여러명이 더 나타났다. 그중에서도 제일 주목할 만한 사람은 존경받는 배우이자 캐나다 공군 대위인 루시 드코테Lucy DeCoutere였는데, 그는 맨 처음 공개적으로 나선 피해자였지만 결코 마지막은 아니었다. 드코테는 2003년 겪었던 일을 이렇게 말했다. "그가 갑자기 내 목을 조르고 따귀를 몇 대 때렸다. 나는 그때까지 따귀를 맞아본 적이 없었기 때문에, 완전히 어리둥절하기만 했다. 목 졸리는 기분도 좋지 않았다. 그건 느닷없이 벌어진 일이었다. 내가 도발한 일이 아니었다." 그즈음에는 벌써 여덟명의 여자가 자신도 목이 졸리고 얻어맞았다고 증언했고, 그 폭력은 합의된 성적 놀이가 아니었다고 주장했다. 여자들의 말에 따르면, 고메시는 상대의 의사를 거슬러서 여자를 목 조르고 때리고 싶어하는 남자였고, 종종 실제로 그렇게 했다.●

● 2016년 3월 고메시는 네건의 성폭행과 한건의 목 조르기 행위에 대해 무죄를 선고받았다. 재판에서 고메시의 변호사는 피해자들을 윽박질렀고, 판사는 피해자들이 거짓말하거나 증거를 숨기고 있다고 의심했다. 고메시는 평화 보증 계약에 서명하는 조건으로 두번째 성폭행 재판을 모면했다. (캐나다의 '평화 보증 계약'은 특정 기간 동안 평화를 유지하고 올바른 행동을 할 것을 요구하는 형사법원의 명령에 따르겠다는 조건으로 합의하는 제도다 — 옮긴이)

그동안 너무나 많은 폭행범은 자신이 영원히 책임을 면할 수 있을 거라고 믿었다. 피해자에게 목소리와 신뢰성이 부족했기 때문에, 아니면 가해자가 피해자의 목소리와 신뢰도를 지우거나 피해자를 겁줘서 침묵시킬 수 있었기 때문에. 이제 일부 가해자들은 규칙이 어느 정도는 벌써 바뀌었다는 사실에 확연히 당황한 모습이다.

　경청되고, 신뢰받고, 존중받을 자격을 얻는 문제는 그동안 너무 많은 여자를 침묵시켰다. 그래서 너무 많은 경우에 여자들의 목소리는 영영 들리지 않을 수도 있다. 비록 지금 이 사연들은 알려졌지만, 우리는 영원히 알려지지 않을 사연들이 얼마나 더 많을지도 기억해야 한다. 과거 여러 세대의 여자들처럼 이미 죽어서 조용해진 피해자도 있을 것이고, 아직 과감히 목소리를 낼 공간을 못 찾은 피해자도 있을 것이고, 입을 열었지만 조롱과 망신만 당하거나 입을 열었다는 이유로 공격당한 피해자도 있을 것이다. 드 코테는 이렇게 말했다. "지난 한달은 여성에 대한 폭력을 논하는 대화가 크게 변한 시기였습니다. 나를 비롯해서 많은 사람에게 버겁고 고통스러운 시간이었지만, 무척 고무적인 시간이기도 했습니다. 피해자들의 목소리가 계속해서 들리기를, 이것이 우리에게 절실한 변화의 시작이기를 바랍니다."

　빌 코스비의 혐의는 오랫동안, 심지어 몇십년 동안 대기해온 문제였다. 2005년 민사 재판에서 열다섯명의 여자가 그의 성폭행을 고발했지만, 원고는 결국 고소를 취하하기로 합의했고 사건은 그다지 널리 보도되지 않았다. 그에게 피해를 당했던 것으로 보이는 사람들은 대부분 침묵을 지켰다. 코스비가 열일곱살이었던 자신에게 약을 먹여 강간했다고 1985년 밝혔던 바버라 바우먼Barbara Bowman의 사연은 전형적이다.

여자 친구 하나가 변호사에게 데려가줬지만, 변호사는 내가 이야기를 지어낸 거라고 의심했어요. 내 말을 무시하는 반응을 보니까, 도움을 얻을 수 있을 거라는 희망이 깡그리 사라졌어요. 아무도 내 말을 들어주지 않을 거라고 믿게 되었죠. 헛수고일 거라는 생각 때문에 경찰에도 안 갔어요. 친구들에게 내가 겪은 일을 털어놓았지만, 친구들은 공감은 해도 나만큼 무력했기 때문에 뭘 어떻게 해줄 수는 없었어요. 나는 시골 덴버에서 와서 맥도날드 광고에나 나오는 십대였죠. 그는 미국인의 완벽한 아빠 클리프 헉스터블인 데다가 젤로 광고 모델인 빌 코스비였고요. 나는 결국 다 잊고 내 삶과 경력을 이어가야 했어요.

코스비에게 피해를 입은 것으로 보이는 여자들은 대부분 젊고 취약했으며, 그 취약함은 젊은 여자들이 겪기 마련인 목소리와 신뢰도의 결핍 때문에 더 가중되었다.

2014년 가을, 코미디언 해니벌 버리스Hannibal Buress는 스탠딩코미디 무대에서 빌 코스비를 저격했다. "그래요, 하지만 당신은 여자들을 강간하잖아요, 빌 코스비씨. 그러니까 미친 짓을 몇단계 줄이라고요." 남자가 나서서 코스비를 비난하고 나서야 비로소 반응이 촉발되었다는 사실에, 많은 사람이 불평을 표했다. 하지만 버리스는 여자를 대신한 게 아니라 무언가 다른 존재를 대변했는지도 모른다. 여자들의 말을 듣고, 믿고, 여자들에게 벌어진 일이 중요하다고 생각하는 남자라는 존재를. 여자들이 왜 강간을 신고하지 않는지, 바우먼의 사례처럼 여자가 고발할 때면 어떻게 불신과 망신과 비난을 받고 재판에서 재차 트라우마를 입는지, 강간범이 유죄를 선고받는 비율이 얼마나 낮은지 등에 대해서 광범위하게 토론이 벌어졌다. 그 덕분에 사람들은 이 여자들이 진실을 말하고 있을 가능성이 높으며 이전에는 세상이 이들에게 증언을 시도할 이유를 주지 못했다는 것을 깨달았다.

이것은 사실 코스비나 고메시만의 문제는 아니다. 아일라비스타 총기 난사 때 우리가 주장했던 것처럼, 여성에 대한 폭력 범죄를 저지르는 가해자들은 비정상이거나 예외적인 존재가 아니다. 그들은 전염병처럼 흔하다. 이런 유명인사들의 사건은 기껏해야 우리에게 이런 범죄의 의미를 토론할 기회, 좀더 폭넓은 사회적 문제를 짚어보고 구조를 약간 바꿔놓을 기회를 제공할 따름이다. 유명인사에게 폭행당한 여자들은 중요하다. 그러나 미국과 캐나다에서 비정상적으로 높은 성폭행·강간·살인 발생률을 감당하는 아메리카 원주민 여자들도 중요하고, 대학이나 군대나 감옥에서 강간당하는 여자들도 중요하고, 성폭행 피해자가 된 경우에 남들보다 훨씬 더 까다로운 문제를 겪는 성노동자들도 중요하다. 경찰에게 강간당하는 여자들도 중요한데, 그동안 수많은 증언이 나왔지만 유죄 선고는 최근 겨우 몇건이 내려진 정도다. 최소한 2014년은 경찰 신고가 깔끔한 해결책이라고 생각해왔던 사람들 중 일부가 경찰은 의심 많고, 둔하고, 가학적인 집단이고, 그게 아니더라도 신고가 별로 효과가 없다는 사실을 배운 해였는지도 모른다. 신고되는 강간은 전체의 작은 비율에 지나지 않고, 신고된 사건 중에서도 작은 비율만이 유죄 선고를 받는다.

어쩌면 유명인사들의 사건에서 제일 중요한 점은 그중 소수가 뒤늦게나마 옛 범죄에 대한 책임을 지게 되었다는 것이 아니라 이런 사건들이 전달하는 메시지일 것이다. 면책의 시대는 끝났다는 것, 앞으로는 그런 범죄를 저지르고도 무사하기가 쉽지 않으리라는 것. 달리 말해, 피해자와 가해자의 승산이 바뀔 만큼 세상이 변했다는 것이다. 여자들에게는 이제 목소리가 있다.

수치심 이후

이번 달, 내가 아는 한 예술 행정가는 44년 전 과거에 대해 입을 열기로 결심했다. 자신이 열아홉살에 무슨 일 때문에 낙담하여 꾀죄죄한 호텔에서 마약을 과용했는데, 그때 도움을 요청했던 남자들에게 집단강간을 당했고, 그다음 만난 의사로부터는 그가 당할 만해서 당했다는 모욕적인 말을 들었다는 이야기였다. 의사는 그에게 "고발할 처지가 못 된다"라고 말했고, 그래서 그는 이후 40년 동안 침묵했다. 그러나 2014년 겨울은 침묵을 깨기에 알맞은 시점으로 느껴졌다고 했다.

수치심은 성폭행 피해를 당한 여자들을 — 또한 남자들을 — 침묵시키는 중대한 요소다. 수치심은 사람을 침묵시키고, 고립시키고, 범죄가 지속되게끔 만든다. 언론은 전통적으로 강간 피해자를 '보호하는' 차원에서 피해자 이름을 밝히지 않는데, 이 전통은 피해자가 당한 일이 수치스러운 것이라고 암시하고 피해자를 사람들 눈에 안 보이게, 고립되게, 침묵하게 만드는 부수 효과가 있다. "15분의 — 명성이 아니라 — 수치를 누가 원하겠어요?"("앞으로는 누구나 15분의 명성을 누릴 것이다"라고 현대 미디어 문화의 찰나적 유행을 꼬집은 앤디 워홀의 말을 비튼 것이다 — 옮긴이) 빌 코스비를 고발한 여자들 중 한명은 더 일찍 입을 열지 않았던 이유를 설명하면서 이렇게 말했다. 강간은 피해자의 육체뿐 아니라 권리, 인간성, 목소리를 공격하는 행위다. 피해자는 싫다고 말할 권리, 자기 일을 자기가 결정할 권리를 빼앗긴다. 수치심은 이런 침묵을 지속시킨다. 강간 생존자를 위한 한 웹사이트에는 이렇게 적혀 있다.

수치심은 자존감을 파괴하는 것이다. 공격자가 피해자에게 스스로의 의사에 반하는 일을 시키기 위해서, 피해자가 스스로를 더럽고 역겹고 부끄러운 존재로 여기도록 만들기 위해서 일부러 가하는 것이다. 수치심은 피해자가 경찰에 범죄를 신고하거나 도움을 구할지 말지 결정하는 데도 영향을 미친다. (…) 피해자는 또 자신의 과거 성경험과 폭행의 세세한 측면이 꼬치꼬치 파헤쳐질 것이라고 믿을 수도 있다.

"'남자의 말' 대 '여자의 말'은 늘 '여자의 말'을 안 믿는 걸로 끝나죠." 대학에서 성폭행 사건을 다루는 전문가인 친구가 요전에 내게 말했다. 지금까지는 그 방법이 통했다. 하지만 처지가 바뀌었다. 배우 제니퍼 로런스Jennifer Lawrence는 도둑 맞은 자신의 누드 사진들이 온라인에 퍼졌을 때 처음에는 부끄러워하고 반성하는 통상적인 태도를 취했지만 곧 저항했다. "그 사진을 봤다면, 당신은 성범죄를 저지른 겁니다. 부끄러운 줄 아세요." 로런스는 호통쳤다. 두어달 뒤, 캘리포니아의 한 남자는 헤어진 여자친구의 누드 사진을 이용해 고용주 및 다른 사람들 앞에서 괴롭히고 망신 준 죄로 일년 형을 살게 되었다. 캘리포니아는 '리벤지 포르노'라는 범주가 생겨난 이래 관련 법을 통과시킨 여러 주 가운데 하나다.

뉴욕 컬럼비아 대학의 예술 전공 학생 에마 설코위츠 Emma Sulkowicz는, 자신의 기숙사 침대에서 자신을 강간한 같은 대학 학생을 고발한 뒤에도 법적·제도적 조치가 충분히 이루어지지 않자 그 대응으로 캠퍼스에 머무르는 내내 침대 매트리스를 이고 다니기 시작했는데, 역시 처음에는 좀더 통상적으로 반응했었다. 설코위츠의 첫 반응은 잠자코 있는 거였다. 두번째 반응은 대학에 시정을 요구하는 거였지만, 대학도 경찰도 그가 유의미하다고 여기는 반응을 보이지 않았다. 그래서 그는 예술에 호소했고, 다른 학생의 말을 빌리자면 "단지 자신뿐만이 아니라 모두의 마음속에 있는 수치심까지 깨뜨렸다." 내가 짓밟은 대상이 뛰어난 예술가이며, 그가 자신에 관한 공개 퍼포먼스로 전세계의 관심과 전폭적 지지를 끌어냈다는 사실을 안다는 건 분명 몹시 불쾌한 일일 것이다.

수치심은 종종 수십년 혹은 평생 침묵을 지속시켰고, 사람을 고립시켰다. 반면 입을 여는 것은 공동체를 형성했고, 행동을 촉발했다. 설코위츠의 반항적 제스처는 그동안 캠퍼스 강간 반대 운동의 뛰어난 행보가 없었다면 상상하기 어려웠을 것이다. 앤드리아 피노Andrea Pino나 애니 클라크Annie Clark처럼 스스로 캠퍼스 강간 생존자이자 활동가로 변신한 개인들과 세이퍼(SAFER, '강간 종식을 위해 활동하는 학생들') 같은 조직들은 미국 전역에서 대학들과 맞서왔다. 설코위츠의 천재성은 자신의 짐을 눈에 보이는 것으로 바꾼 것, 그럼으로써 남들도 공유할 수 있도록 만든 것이었다. 연대는 폭력에 대항하는 페미니즘 운동에서 늘 중요한 부분이었다.

설코위츠의 경우, 사람들은 실제로 그 매트리스를 나름으로써 연대할 수 있었다. 2014년 9월 나는 학교 건물을 나서는 그를 웬 수염 기른 금발 남학생이 거드는 걸 보았다. 그다음에는 한 무리의 젊은 여성들이 나타나서 매트리스를 홱 채가더니 몇시간 맡아주었다. 그들은 길쭉하고 푸른 매트리스를 마치 관을 나르는 상여꾼들처럼 치켜들고는 아름다운 가을날 오전 몇시간 동안 컬럼비아 대학 캠퍼스를 누볐다. 그들은 세상 여느 곳의 젊은 여성들처럼 킬킬거리고 재잘대면서도 그 갈등의 상징을 계단과 인도에서 나르는 행동으로 맹렬하게 연대에 전념했다. 설코위츠는 강간을 눈에 보이는 짐으로 바꾸었고, 비록 그 자신과 성폭행범이 대학에 있는 한 언제까지나 매트리스를 이고 다니겠지만, 수치심의 화살을 그 합당한 소유자에게 돌려주는 데는 이미 성공했다.

미국에서 가장 보수적인 지역 가운데 하나인 오클라호마주 노먼에서, 세 고등학생이 같은 학교의 한 학생에게 강간당했다고 신고했다. 강간범으로 지목된 학생은, 2012년 오하이오주 스튜번빌에서 같은 학교 학생을 집단 성폭행하는 장면을 녹화했던 남자 고등학생들처럼, 그밖에도 수많은 다른 강간범들처럼, 자신이 저지른 성폭행 중 가장 최근 행위를 찍은 비디오를 2014년 9월 친구들과 돌려 보았다. 이전의 수많은 고등학교 강간 사건에서 그랬듯이, 노먼에서도 다른 학생들은 오히려 피해자들을 조롱하고 괴롭혔으며 학교는 피해자들을 보호하기는커녕 자퇴를 권했다. 여기까지는 이전의 수많은 사건과 다를 바가 없었다.

그러다 흐름이 바뀌었다. 강간범으로 지목된 학생이 제 행동을 떠벌리고 다니는 데 질린 나머지, 또다른 남학생이 범인의 자랑이자 자백에 해당하는 말을 녹음했다. 강간범으로 지목된 학생은 2014년 12월 경찰에 고발되었다. 같은 학교 학생 대니엘 브라운Danielle Brown을 비롯한 한 무리의 여자들은 이 사건에 주목하여 #yesalldaughters(그러자 모든 딸들아)라는 해시태그를 만들었고, 학교 측에 요구를 전달했다. 2014년 11월 24일, 수백명의 학생들이 거리로 나와 총 인원이 1,500명에 달했다는 시위에 참여해 행진했다. 어쩌면 이제 우리는 같은 이야기를 읽고 또 읽을 필요가 없을지도 모른다. 어쩌면 이제 젊은 남자들은 그런 범죄가 자신의 지위를 높인다거나 자신에게 면책권이 있다고 생각하지 않을지도 모른다. 어쩌면 이제 수치심은 그 합당한 소유자들이 돌려받을지도 모른다.

내가 이 글에서 소개한 북미의 사건들은 힘의 이동을 보여준 이야기이자 한편으로는 누구의 이야기가 말해지고 믿어지는가, 누가 말하는가가 바뀌었음을 보여준 이야기들이다.

2014년은 조화로운 해는 아니었다. 그리고 남자들의 분노도 분명 풍경의 일부였다. 트롤들, 남성 권리 운동에 나선 여성혐오자들, 온라인 게이머게이트 사건에서 소리친 자들, 실제 폭력을 저지르는 자들은 아직 멈추지 않았다. 캘리포니아의 캠퍼스 내 성적 합의에 관한 규칙인 "예스가 예스다"에 대한 신경질적 반응은 일부 이성애자 남자들에게는 앞으로 자신이 법적 권리와 목소리를 갖춘 동등한 인간과 타협을 통해서 성적·사회적 상호작용을 맺어야 한다는 사실이 불만이라는 걸 보여주었다. 요컨대 그들은 세상이 변한 게 불만이다. 그러나 중요한 사실은 세상이 이미 변했다는 것이다. 여자들은 너무 오래 지속되었기에 아무도 그 시작을 짚어 말하지 못하는 침묵으로부터 서서히 벗어나고 있다. 시끄러웠던 2014년은 끝이 아니다. 하지만 어쩌면 끝의 시작일지 모른다.

〔2014〕

THE MOTHER OF
ALL QUESTIONS

남자들,
페미니즘에
합류하다

인도 총리, 은퇴한 전미미식축구연맹 펀터 크리스 클루이Chris Kluwe, 슈퍼스타 코미디언 아지즈 안사리Aziz Ansari의 공통점은 뭘까? 그들이 함께 술집으로 들어갔다는 건 아니다(주인공이 술집으로 들어가서 우스운 일이 벌어진다는 형식의 흔한 농담으로, 가령 '여러 종교의 성직자들이 함께 술집에 들어갔는데…' 하는 식이다 — 옮긴이). 안사리라면 이 농담을 어떤 펀치라인으로 맺을지 생각해낼 수 있겠지만 말이다. 그들의 공통점은 모두 올해 페미니즘에 관해서 발언함으로써 보통 '여자들 일'이라고 불리는 문제에 적극 관여하는 남자가 유례없이 많아진 새로운 현상의 일부가 되었다는 것이다. 여성에 대한 폭력과 차별이 여자들 일인 것은 그저 그 일이 여자들에게 저질러지기 때문이다. 그 일을 저지르는 건 대부분 남자들이니, 어쩌면 페미니즘은 줄곧 '남자들 일'이었어야 했는지도 모른다.

남자들의 합류는 대대적인 변화를 뜻한다. 그것은 페미니즘에게 특별했던 2014년, 새로운 목소리와 구성원이 결합함으로써 대화가 바뀌고 몇몇 중요한 법률도 바뀌었던 해의 한 장면이었다. 과거에도 이른바 여자들 문제의 중요성에 동의하고 때로 발언까지 한 남자들은 늘 있었지만, 그 수가 지금처럼 많거나 그 영향력이 지금처럼 큰 적은 한번도 없었다. 그리고 우리에게는 그들이 필요하다. 그러니 올해를 페미니즘의 분수령으로 여기자.

전반적으로는 해롭기만 한 인도 총리 나렌드라 모디 Narendra Modi가 인도 독립기념일에 했던 연설을 떠올려보자. 보통 그런 자리는 국가적 선전과 자긍심을 설파하는 자리다. 하지만 그 대신 모디는 인도의 끔찍한 강간 문제에 대해서 강력하게 발언했다. "형제자매 여러분, 우리는 강간 사건을 들을 때마다, 부끄러워 고개를 떨구게 됩니다." 모디는 힌디어로 이렇게 말했다. "열에서 열두살쯤 된 딸을 둔 부모들에게 묻고 싶습니다. 여러분은 늘 경계하고, 딸에게 수시로 어디 가느냐고 묻고, 언제 귀가하느냐고 묻습니다. (…) 딸에게는 노상 그렇게 묻지만, 아들에게 그렇게 묻는 부모가 있습니까? 아들에게도 어디 가느냐, 왜 나가느냐, 친구가 누구냐고 묻습니까? 강간범도 결국 누군가의 아들입니다. 강간범에게도 부모가 있습니다."

저 놀라운 발언은 인도에서 새로 등장한 담론, 즉 많은 사람이 피해자가 아니라 가해자를 비난하기 시작한 담론의 결과물이었다. 이제 사람들은, 미국의 캠퍼스 강간 반대 운동가들의 표현을 빌리자면, "강간범이 강간을 일으킨다"는 사실을 인정한다. 여자가 남자에게 성폭행당했을 때 사람들이 으레 비난해왔던 여자의 어떤 일상적인 행동들 때문에 일어나는 게 아니라는 것이다. 이런 생각은 그 자체로 엄청난 변화이지만, 이런 분석이 남자들의 입에서 나올 때는 특히 그렇다. 그리고 격렬하게 보수적인 이 남자의 입에서 나온 말은, 정말이지 놀랍게 느껴졌다. 그것이 모디 총리에게 없던 미덕이 싹텄다는 증거라서가 아니다. 그가 다른 곳에서 형성된 논증을 전달하는 통로로 쓰인 것 같았기 때문이다. 페미니즘의 힘이 어찌나 강해졌던지, 심지어 그 남자의 입에서도 그런 말이 나왔던 것이다.

미국 오바마 행정부도 최근 "우리에게 달렸습니다"라는 슬로건하에 주변 사람들이, 특히 남자들이 잠재적 성폭행 피해자를 적극 보호할 것을 호소하는 캠페인을 시작했다. 저 슬로건을 맥 빠진 제스처로 비판하기는 쉽지만, 설령 그렇더라도 기념비적인 일이다. 미국의 반응이, 특히 캠퍼스 강간에 대한 반응이 달라졌다는 뜻이기 때문이다.

그 의미는 무엇일까? 그것은 마침내 변화의 바람이 가장 큰 풍향계들에까지 도달했다는 뜻이다. 한 나라에서 제일 높은 권력들이 남자들에게 자신의 몸가짐뿐 아니라 주

변 다른 남자들의 몸가짐에도 책임을 지라고, 변화의 주체
가 되라고 요구하는 것이다.

X가 Y와 동등하지 않을 때

페미니즘에는 남자가 필요하다. 우선, 여자를 혐오하고
비하하는 남자들도 만일 여자에게 끔찍한 짓을 저지르거
나 여자에 대해 끔찍한 말을 내뱉는 행동이 남자들 사이에
서 제 지위를 높이는 게 아니라 훼손하는 문화에서 산다
면, 바뀔 것이다. 바뀌려고 한다면 말이지만.

세상에는 무한한 종류의 남자들이 있다. 현재 지구에는
최소 약 35억 명의 다양한 남자들이 살고 있다. 그중에는
KKK 단원이 있는가 하면 인권운동가가 있고, 드랙퀸이
있는가 하면 오리 사냥꾼도 있다. 그러나 여기서는 페미니
즘을 논하기 위해서, 그들을 경계가 흐릿한 세 가지 범주
로 크게 나눠보겠다. 먼저 앞에서 말했던 (아래에서도 말
할 것이다) 페미니즘의 동맹이 있다. 그다음으로 말과 행
동으로 맹렬하게 여성혐오를 수행하는 남자들이 있다. 그
들은 온라인의 다양한 장소에서 볼 수 있고, 온라인은 그
들이 번성하는 무대다(그들은 놀랄 만큼 한가한 것 같다).
그런 남자들은 남성 권리 토론 게시판에서 적개심의 불을

쉼 없이 활활 지피고, 트위터에서는 앞장서서 말하는 여자라면 거의 누구에게든 협박과 모욕을 퍼붓는다. 미디어 분석가 애니타 사키시언Anita Sarkeesian이 받은 협박이 좋은 예다. 사키시언은 감히 비디오게임 속 성차별을 지적했다는 이유로 그뿐 아니라 유타 대학에서 예정된 그의 강연에 참가하는 여자들까지 모조리 죽이겠다는 협박을 받았다. #Gamergate(게이머게이트)라는 해시태그를 쓰면서 여성 혐오적 음모론의 미궁에 자발적으로 빠졌던 많은 게이머들도 잊지 말자.

열성적인 게이머이자 전직 프로 풋볼 선수이며 활발하게 발언하는 성소수자 인권 옹호자이고 페미니스트인 크리스 클루이는 그런 게이머들의 태도에 최근 추상같은 호통을 내렸다. 그는 형제 게이머들에게 다음과 같이 말했는데, 이 대목은 그래도 점잖은 편이다.

안타깝게도 당신네 #게이머게이터들이 유치한 헛소리를 계속 옹호하니 내릴 수 있는 논리적 결론은 하나뿐이다. 당신들이 그런 머저리 같은 여성혐오자들의 멍청한 헛소리를 지지한다는 것. 당신들이 비디오게임 산업의 (나아가 일반적으로) 여성에 대한 성희롱을 지지한다는 것. 당신들이 '게이머'란 골방에 처박혀 들입다 게임만 하는 추남이라는 바보 같은 고정관념을, 그동안 수많은 사람이 지워내려고 애쓴 그 고정관념을 증명한다는 것.

그러자 누군가 클루이에게 이런 트윗을 보냈다. "멍청한 년 돼져라. 게이머게이트는 여성혐오가 아니야." 저 말에 나는 루이스의 법칙("페미니즘에 관한 모든 댓글은 페미니즘을 정당화한다"〔영국 여성 저널리스트 헬렌 루이스Helen Lewis가 2012년 트위터에 써서 유행시킨 말이다—옮긴이〕)의 한 변주를 덧붙이고 싶다. 여성은 공격받고 있지 않으며 페미니즘은 현실적 근거가 없다고 주장할 생각으로 여성이나 여성을 위해 나선 사람을 공격하는 많은 남자들은 자신이 그 반대 명제를 쉽게 증명해주고 있다는 사실을 모르는 것 같다고.

요즘은 강간과 살해 협박이 너무나 많다. 사키시언의 경우, 평소에도 그에게 늘 살해 협박이 쏟아지기 때문에 유타 대학은 대량 살해 협박을 진지하게 받아들이지 않았다 (강연장 내 무기 반입이 법적으로 가능한데도). 그래서 사키시언은 스스로 강연을 취소할 수밖에 없었다.

자, 이렇게 동맹들과 혐오자들이 있다. 마지막은 의도는 선량할지 모르나 페미니즘 대화에서 사실에 부합하지 않는 발언을 내놓는 바람에 누군가—내 경험으로는 보통 여자가—그의 생각을 바로잡는 데 많은 시간을 들여야 하는 남자가 잔뜩 있다. 엘리자베스 심스Elizabeth Sims가 '우먼스플레이너'라는 이름의 웹사이트를 연 것은 아마도 이 때문일 것이다. 웹사이트에는 이렇게 적혀 있다. "페미니즘을 독학할 여유가 없는 남자들을 위한 서비스.”

간혹 그런 남자들은 여자가 겪는 고충에 대한 이야기만 나왔다 하면 남자가 겪는 고충에 대한 이야기로 초점을 돌리려 한다. 가령 캠퍼스 강간에 대한 남자들의 발언을 온라인에서 읽다보면, 캠퍼스에는 만취해서 의식은 없지만 악의를 품은 젊은 여자들이 가만히 있던 무고한 남자를 곤란하게 만들기 위해 남자에게 제 몸을 내던지는 일이 전염병처럼 퍼지고 있다고 착각할 지경이다. 『포브스』는 최근 MIT 남학생 사교 모임의 전 회장이 쓴 장광설을 실었다가 허둥지둥 지웠는데, 글 제목은 이러했다. ‘남학생 사교 모임의 가장 심대한 위협인 만취한 여성 손님들.’

남자들은 가끔 여자가 남자 때문에 괴로움을 겪는 것만큼 남자도 여자 때문에 괴로움을 겪는다고, 심지어 남자가 더 많이 겪는다고 인정하는 것이 ‘공정함’이라고 우긴다. 그럴 바엔 차라리 백인도 흑인하고 똑같이 인종차별 때문에 고통받는다고 주장하는 편이, 아니면 세상의 특권에는 아무런 위계가 없고 억압에는 아무런 수준이 없다고 주장하는 편이 나을 것이다. 어떤 사람들은 정말로 그렇게 주장한다.

여자도 가령 가정폭력을 저지르는 건 사실이다. 하지만 그 결과는 건수나 심각성 면에서 하늘과 땅 차이다. 나는 『남자들은 자꾸 나를 가르치려 든다』에서 이렇게 썼다.

배우자의 폭행은 미국 여성의 부상 원인 중 첫번째다. 질병 통제센터에 따르면, 매년 발생하는 그런 부상자 200만명 가운데 50만명 이상은 의료 처치를 받아야 하고 14만 5천명가량은 입원해야 한다. 사후에 치과 치료를 받아야 하는 여성이 얼마나 되는지는 차라리 모르는 편이 낫겠다. 미국 임신부의 사망원인 중 수위에 꼽히는 것 또한 배우자 폭행이다.

하지만 임신한 여성은 그 배우자의 사망 원인으로 수위에 꼽히지 않는다. 등가는 성립하지 않는다.

모든 남자가 이 사실을 이해하는 건 아니지만, 어떤 남자는 이해한다(이 문구도 해시태그로 괜찮을지 모르겠다). 코미디언 아지즈 안사리가 성희롱에 대한 스탠딩코미디를 하는 걸 본 적이 있다. "세상에는 기분 나쁜 새끼들이 널렸어요." 그는 한 여자가 자신을 졸졸 따라오는 남자를 떨치기 위해 반려동물 가게에 들어가 한시간이나 몸을 피해야 했던 이야기를 들려주며 이렇게 말했다. 또 남자들은 웬 여자가 공공장소에서 제 성기를 꺼내어 자기 앞에서 자위하거나 그 비슷한 다른 역겨운 방식으로 괴롭히는 경험을 절대로 겪지 않는다고 지적했다. "여자들은 그런 짓을 안 한다고요!" 안사리는 외쳤다. (안사리는 자신이 페미니스트가 된 것은 여자친구 덕분이라고 말한다.)

네이토 그린Nato Green, W. 카마우 벨W. Kamau Bell, 일론 제임스 화이트Elon James White, 루이스 C.K.Louis C.K.도 요즘 적극적으로 발언하는 페미니스트 코미디언들이고, 존 스튜어트Jon Stewart도 페미니스트로서 멋진 모습을 몇차례 선보였다. 남자들이 그냥 대화에 참여할 뿐 아니라 갈수록 재치 있는 발언자가 되어가고 있다는 것은 멋진 일이다. 특히 벨, 화이트, 테주 콜Teju Cole 같은 흑인 남자들은 이 문제를 유달리 잘 인식하고 정확한 표현으로 적극 발언하는데, 아마 억압은 억압을 이해하기 때문일 것이다.

콜은 이렇게 썼다.

간밤에 코스비에게 성폭행당한 여성들의 증언을 읽다가 그만 슬픔에 잠겼습니다.

이 문제에 대해서 말하는 것은 까다로운 일이지만, 침묵은 선택지가 아니니 어쩔 수 없습니다. 이것은 모두의 일입니다. 하지만 나는 특히 이 글을 읽는 남자들에게 몇가지 말하고 싶습니다.

우리 남자들은, 모든 남자들은 강간문화에서 혜택을 입습니다. 우리는 강간문화가 여자들에게 끼치는 고통으로부터 혜택을 입는데, 왜냐하면 우리가 부지불식간에 앞서 달릴 수 있기 때문입니다. 우리는 강간문화가 여자들을 경주로에서 밀쳐내고 우리에게 공간을 열어주기 때문에 혜택을 입습니다. 강간문화가 여자들을 인간이 아닌 것처럼 취급함으로써 우리의 인간성이 더 위대하게 빛날 수 있게 해주기 때문에 혜택을 입습니다. 강간문화가 우리에게 가해자 혹은 수혜자로서 힘의 광휘를 둘러주기 때문에 혜택을 입습니다. 그리고 우리는 명시적으로든 암묵적으로든 혜택을 입기 때문에, 그에 대한 반대를 그다지 떠들썩하게 내지 않습니다.

우리는 동맹이 되어야 합니다. 태초부터 싸워온 여러 세대 여성들에게 보조적이되 긴요한 역할을 해주어야 합니다. 그 일이 왜 쉽겠습니까? 쉬울 리 없습니다.

강간 무고에 대한 집착: 책 속 간편 부록

물론 낡은 생각들도 여전히 위세를 떨치고 있다. 내가 듣는 데서 (혹은 온라인에서) 누가 강간 이야기를 꺼내면, 거의 매번 웬 남자가 짠 하고 나타나서 '강간 무고'라는 '문제'를 내민다. 농담이 아니다. 누가 되었든 남자의 입에서 나오는 첫 반응은 거의 어김없이 그 얘기다. 남자들은 정말이지 이 주제에 집착하는 것 같다. 이 이야기는 허다한 여성 피해자로부터 지극히 희귀한 남성 피해자로 초점을 옮기는 편리한 수단이다. 보다 못해 나는 그 주제에 대한 짧은 안내문을 작성해서 여기 책 속 부록으로 끼워두기로 한다. 그 주제에 관해 두번 다시 논해야 할 일이 없기를 바라는 마음에서다.

강간은 우리 문화에서 워낙 흔하기 때문에 전염병이라고 불러도 무방하다. 여성 거의 다섯명 중 한명에게 (그리고 남성 71명 중 1명에게) 직접적으로 충격을 주고 그 위협만으로 거의 모든 여자에게 영향을 미치는 것, 워낙 만연하기에 여자들이 인생 대부분의 기간에 살고 생각하고 세상을 헤쳐가는 방식을 형성하는 것, 이것을 달리 뭐라고 부르겠는가? 여자가 남자에게 해를 끼치려는 마음만으로 가짜로 강간을 고발하는 일은 실제 극히 드물다. 가장 믿을 만한 조사들에 따르면 강간 신고의 약 2퍼센트는 거짓이라는데, 그것은 곧 98퍼센트는 진짜라는 뜻이다. 이 통계마저도 그 2퍼센트가 강간 무고라는 뜻은 아니다. 왜냐하면 강간당하지 않았는데 강간당했다고 말하는 것과 특정 인물에게 강간당한 게 아닌데 그렇다고 말하는 것은 같지 않기 때문이다. (말이 나왔으니 말인데, 특정 개인에 대한 강간 무고라는 범주를 분리해서 낸 통계는 없다.) 아무튼, 남자들은 저 통계를 보고도 이 주제를 꺼내고 꺼내고 또 꺼낸다. 그러고도 또 꺼낸다.

강간 고발을 남녀의 말로 번역하면 어떻게 되는지 들어보자.

여자: 전염병이 내 부족 사람들을 괴롭히고 있어!

남자: 소문에 의하면 내 부족 사람이 걸릴 가능성이 있다는 (하지만 직접 조사해보진 않았어) 어마어마하게 드문 질병 때문에 걱정돼.

아니면 이렇게 번역될 수도 있겠다.

여자: 너희 부족이 우리 부족에게 끔찍한 짓을 저지르고 있어. 그리고 그 사실을 보여주는 증거는 탄탄해.

남자: 너희 부족에는 못된 거짓말쟁이가 가득해. 실제로 그렇다는 증거는 딱히 없지만, 아무튼 네가 말한 사실보다는 내 감정이 더 합리적이야.

여담이지만 여기서 염두에 둘 점은, 강간 관련 수치를 살필 때 대부분의 강간은 아예 신고되지 않는다는 사실을 고려해야 한다는 것이다. 신고된 강간 중 대부분은 기소되지 않는다. 기소된 강간 중 대다수는 유죄 선고가 내려지지 않는다. 일반적으로 강간 고발은 신나게 또 효과적으로 복수나 정의를 추구하는 방법이 못 되며, 범죄 무고는 그 자체로 범죄다. 경찰이 일반적으로 너그럽게 봐주지 않는 범죄다.

우리는 이제야 알았지만, 과거 미국에서는 경찰이 수집

한 수십만건의 강간 검사 키트들이 아예 분석실로 전달되지도 않았다. 몇년 전에는 여러 도시들이—뉴올리언스, 볼티모어, 필라델피아, 세인트루이스—수만건의 강간 신고에 대해 경찰 조서조차 작성하지 않았다는 사실이 폭로되었다. 누구든 이 사실을 알면, 경찰이 강간 피해자에게 썩 도움되는 조직이 아니라는 사실을 납득할 것이다. 그리고 경찰이 어떤 사람들인지 떠올려보라. 경찰은 갈수록 군대화되는, 대체로 남자들로 이루어진 집단이다. 가정폭력을 저지르는 비율이 높을뿐더러 최근에는 주목할 만한 강간 고발도 더러 나왔다. 한마디로 경찰은 여성이—특히 유색인종 여성, 성노동자, 트랜스젠더 여성, 기타 주변부 집단의 여성이—남성의 성적 비행을 고발할 때 그 말을 늘 동정적으로 들어주는 집단은 못 된다.

왜 대학이 강간 사건을 경찰에 신고하지 않고 직접 처리하는지 궁금해하는 사람들이 있다. 많은 대학이 그 일을 썩 잘해내지 못하기 때문에 더 그렇다. 이유는 여러가지인데, 그 가운데 (1964년 연방민권법을 보완하는) 1972년 교육수정법 제9장에 따라 대학은 모든 학생에게 동등한 교육의 기회를 보장해야 한다는 것이 있다. 성폭행은 법에 규정된 그 평등을 해친다. 그리고 성폭력에 관해서는 형사사법제도가 망가져 있다는 점, 많은 강간 생존자는 법적 절차를 밟는 것을 2차 가해와 모욕으로 느낀다는 점이 있다. 그저 피해자가 더이상 그 과정을 견디지 못하겠다고 하여 고발이 취하되는 경우도 있다. 피해자가 재판을 한번 더 견디지는 못할 거라는 기대로 강간 유죄 판결에 항소하는 것이 선고를 뒤집는 전략으로 쓰인다는 얘기도 종종 들었다.

다시 강간 무고로 돌아가자. 『남자들은 자꾸 나를 가르치려 든다』에 각주로 단 글에서 나는 이렇게 말했다.

강간 무고는 엄연한 현실이지만, 비교적 드물다. 무고로 선고된 사건들의 사연은 아주 끔찍하지만 말이다. 영국 검찰청이 2013년에 발표한 조사 결과에 따르면, 조사 기간 중 강간으로 기소된 사건은 총 5,651건이었고 그중 무고 사건은 35건이었다. 미국 사법부는 2000년 보고서에서 다음과 같이 추산했다. 미국에서는 연간 총 322,230건의 강간이 벌어지는데, 그중 55,424건이 경찰에 신고되고, 26,271건의 범인이 체포되며, 7,007건에 유죄가 선고된다. 달리 말해, 징역형이 선고되는 사건의 비율은 총 발생 건수의 2퍼센트를 약간 넘고, 신고된 사건 중에서는 12퍼센트에 해당한다.

요컨대, 강간 신고로는 누군가를 감옥에 보내기 어렵다. 그리고 강간 고발의 약 2퍼센트가 무고이겠지만, 전체 고발의 2퍼센트가 좀 넘는 비율만이 유죄로 결론 난다. (3퍼센트까지 높게 잡는 계산도 있다.) 달리 말해, 세상에는 처벌받지 않은 강간범이 끔찍하게 많이 돌아다닌다. 그리고 대부분의 강간범은 고발이나 고소를 당했을 때 자신이 강간을 저질렀다고 인정하지 않는다. 그것은 곧 세상에는 강간범인 동시에 거짓말쟁이인 사람들이 잔뜩 돌아다닌다는 뜻이다. 그러니 세상에 넘치는 거짓말은 어쩌면 강간당하지 않은 여자들의 거짓말이 아니라 강간을 저지른 남자들의 거짓말일지도 모른다.

강간 무고는 물론 실제로 벌어진다.[*] 내 친구 애스트라 테일러Astra Taylor는 미국에서 가장 극적인 그런 사례들은 흑인 남자가 백인 여자를 강간했다는 거짓 고발을 백인 남자가 제기한 경우들이라고 지적했다. 그렇다는 것은, 만일

---

[*] 내가 이 글을 쓴 뒤,『롤링 스톤』이 버지니아 대학의 한 강간 사건을 기사화했다가 철회하는 소동이 있었다. 기사는 피해자라고 주장한 여성의 증언에 집중했으나, 그의 발언은 사실 확인이 되지 않았고 정확하지 않았다. 주류 언론과 트위터 세상이 이 사건에 집착하는 바람에 자칭 피해자의 거짓말은 속속들이 널리 보도되었는데, 그걸 보면 꼭 버지니아 대학에서는 강간 무고가 심각한 문제인 것처럼 느껴질 정도였다. 버지니아 대학은 사실 몇년 전 수십건의 성폭행 사건에 허술하게 대처한 혐의로 연방정부의 조사를 받았던 곳인데 말이다. 2004년『샬럿츠빌 훅』(Charlottesville Hook)은 이렇게 보도했다. "같은 기간 버지니아 대학 학생 60명이 성폭행당한 사실을 신고했다. 그중 많은 수가 같은 대학 학생에 의한 사건이었다. 하지만, 대학 행정부의 여러 소식통에 따르면 지난 5년간 성폭행범이 제적된 사례는 한건도 없었고 심지어 정학당한 사례도 없었다." 그런데도『롤링 스톤』소동 후 나온 수십편의 기사들은 버지니아 대학에는 강간 사건이 딱 하나뿐이었고 더구나 그것이 무고였다는 잘못된 인상을 사람들에게 안겼다.

우리가 이 주제에 분개하고 싶다면, 힘과 비난과 허위가 실제로 어떻게 작동하는가 하는 좀더 복잡한 그림을 살펴봐야 한다는 뜻이다. 흑인 남자에게 죄를 덮어씌우려는 권력자들의 압박에 못 이겨 백인 여자가 거짓말을 한 사건이 실제 있었다. 1930년대에 악명 높았던 이른바 스코츠보로 소년들 집단강간 사건이 그랬다. 이 경우에는 고발자 중 한명이었던 열일곱살의 루비 베이츠Ruby Bates가 훗날 자신에게 쏟아지는 위협에도 불구하고 앞선 증언을 철회하고 진실을 밝혔다.

1989년 센트럴파크에서 조깅하던 여성이 강간당한 사건도 그랬다. 경찰은 다섯명의 무고한 흑인 및 라틴계 십대 청년들에게 강압으로 허위 자백을 끌어냈고, (여성 검사도 포함된) 사법 체계는 그들을 유죄로 선고한 뒤 투옥했다. 백인 여성 피해자는 거의 죽을 만큼 맞은 상태라 사건에 대한 기억이 전혀 없었고 따라서 피고들에게 불리한 증언을 할 수 없었다. 2002년 진짜 성폭행범이 자백함으로써 다섯 남자의 결백이 증명되었지만, 그들은 이미 저지르지 않은 범죄로 감옥에서 청춘을 허비한 뒤였다. 도널드 트럼프는 2016년에도 그 무고한 남자들의 유죄를 주장했다. 무고한 사람이 유죄를 선고받는 것은 이렇듯 사법 체계의 부패와 직권 남용의 결과인 편이지, 한 사람의 고발자 때문만은 아니다. 물론 예외는 있다. 나는 그런 예외는 드물다고 말하려는 것이다.

강간 무고에 대한 집착은 여러 원인에서 생겨나는 듯하다. 무고가 흔하다는 착각도 한 원인이고, 여성은 타고나기를 표리부동하고 남을 이용하고 믿을 만하지 못하다는 끈질긴 비방이 통용되는 것도 원인이다. 이 주제가 끊임없이 언급되는 걸 보면, 남자들에게는 자신이 여자들보다 더 신뢰할 만하다는 생각에서 나오는 이상한 자신감이 있는 모양이다. 그 상황은 바뀌고 있다. 어쩌면 자신감보다는 권리의식이 내 뜻에 더 가까운 표현일지도 모르겠다. 남성 페미니스트들은 아마 이렇게 말하고 있는지도 모른다. 마침내 남자들은 책임을 지게 될 테고, 그 사실이 그들을 두렵게 만들고 있다고. 두려워하는 게 남자들에게도 좋을 것이다. 적어도 책임을 지는 게.

지구를 거주 가능한 곳으로 만들기

오래 존속해온 이 상황을 우리는 노골적인 표현으로 묘사할 필요가 있다. 이렇게 말해버리자. 적잖은 수의 남자들이 여자를 혐오한다고. 거리에서 희롱당하는 낯선 여자든, 온라인에서 협박당해 침묵에 빠지는 트위터 사용자든, 매 맞는 아내든. 어떤 남자들은 자신에게 여자를 모욕하

164

고, 처벌하고, 침묵시키고, 범하고, 심지어 제거할 권리가 있다고 믿는다. 그래서 여자들은 일상에서 충격적인 양의 폭력과 적대감을 접하고, 그와 더불어 그보다 사소하지만 역시 여성을 찍어 누르려는 의도로 가해지는 모욕과 공격도 접한다. 그러니 미국남부빈곤법률센터가 몇몇 남성 권리 단체를 혐오 집단으로 규정한 것도 놀랄 일이 아니다.

이런 맥락에서, 우리가 강간문화라는 용어로 표현하려는 뜻이 무엇인지 따져보자. 그것은 혐오다. 스포츠 팀이나 남학생 사교 모임이 저지르는 강간은 타인의 권리, 존엄, 육체를 침해하는 것이 멋진 일이라는 생각에 입각한다. 그런 집단행동은 남성성을 포악한 포식자다운 것으로 보는 생각을 깔고 있다. 그런 생각에 찬동하지 않는 남자도 많지만, 그래도 그런 생각은 모두에게 영향을 미친다. 또한 이것은 여자들은 할 수 없는 방식으로 남자들이 바로잡을 수 있는 문제다.

요전날 저녁, 알고 지내는 천체물리학자의 강연을 듣고 나왔다. 지구를 생명이 거주할 수 있는 장소로 만들어주는 조건들 — 온도, 대기, 항성과의 거리 — 에 대한 강연이었다. 나는 친구의 친구인 젊은 남자에게 부탁해 캘리포니아 과학아카데미 건물 밖 캄캄한 주차장에 세워진 내 차까지 동행해달라고 할 작정이었지만, 천체물리학자와 둘이서 대화에 빠져 걷다보니 동행을 청할 생각조차 떠올리지 않은 채 어느새 차에 도착했다. 그다음 내가 천체물리학자를 그녀의 차까지 태워다주었다.

몇주 전, 컬럼비아 대학으로 가서 에마 설코위츠와 그 대신 강의 사이사이 이동 시간에 매트리스를 메날라주는 젊은 여성들을 만났다. 앞서 말했듯이, 예술 전공자인 설코위츠는 강간을 신고했지만 학교도 뉴욕 경찰도 정의라고 부를 만한 조치를 해주지 않았다. 그 대응으로 설코위츠는 캠퍼스에 있을 때면 어디에 있든 어디로 가는 중이든 기숙사 침대 매트리스를 짊어지고 다니는 행위예술을 펼침으로써 자신의 곤경을 증언하고 있다.

언론의 반응은 어마어마했다.[•] 그날 다큐멘터리 촬영팀도 와 있었다. 중년의 여성 촬영기사는 내게 만일 자신이 어렸을 때 지금 같은 캠퍼스 내 성적 합의 기준이 있었다면, 만일 여자에게는 싫다고 말할 권리가 있고 남자에게는 여자의 결정을 존중할 의무가 있다는 사실이 일찍 인식되었다면, 자기 인생은 완전히 달랐을 것이라고 말했다. 나는 잠깐 생각해보고 깨달았다. 내 인생도 달랐으리라는

[•] 내가 이 글을 쓴 뒤, 설코위츠는 소셜미디어, 남성 권리 운동, 그밖의 영역에서 집중 공격을 받았다. 2016년에 그녀의 이름을 인터넷에서 검색하면, 첫번째 결과로 '에마 설코위츠'가 뜨고 그다음으로는 '에마 설코위츠 거짓말쟁이'가 나온다. 컬럼비아 대학에는 그녀를 "못된 거짓말쟁이"라고 욕하는 포스터가 나붙었고, @fakerape(가짜 강간)이라는 트위터 계정은 결국 정지당할 때까지 설코위츠를 물고 늘어졌다.

것을. 열두 살에서 서른 살 사이에 나는 날 괴롭히는 남자들로부터 그저 살아남는 일에 너무 많은 에너지를 쏟았다. 낯모르는 사람이나 가볍게 아는 사람이 내 젠더 때문에 내게 모욕과 피해를 가하고 심지어 죽일 수도 있다는 것, 그런 불운을 피하려면 내가 한시도 빠짐없이 경계해야 한다는 것. 정말이지, 그건 내가 페미니스트가 된 이유 중 하나였다.

나는 지구가 환경적 관점에서 거주 가능한 장소가 되어야 한다는 문제를 열심히 걱정한다. 하지만 지구가 여자들에게 온전히 거주 가능한 장소가 되기 전에는, 그래서 여자들이 말썽과 위험을 끊임없이 걱정하지 않고도 거리를 활보할 수 있는 날이 오기 전에는, 우리는 우리의 온전한 능력을 펼치지 못하도록 막는 현실적·심리적 짐을 진 채 계속 허덕일 것이다. 내가 현재 세상에서 제일 중요한 문제는 기후 문제라고 생각하는 사람이면서도 페미니즘과 여성의 권리에 대해 계속 글을 쓰는 건 그 때문이다. 세상이 변할 가능성을 조금 더 높여준 남자들, 현재 진행되는 거대한 변화에 기꺼이 합류한 남자들을 칭송하는 것도 그 때문이다.

〔2014〕

THE MOTHER OF
ALL QUESTIONS

일곱명의 죽음,
그후 일년

1988년 사진가 리처드 미즈락Richard Misrach은 네바다 핵 시험장 근처에서 사격 연습 표적으로 쓰였던 『플레이보이』잡지 두권을 발견했다. 네바다 핵 시험장은 미국과 영국이 핵무기를 1천기 넘게 터뜨렸던 장소다. 미즈락이 바라보는데, 살랑 불어온 산들바람이 잡지를 팔락팔락 넘겨서 레이 찰스Ray Charles가 노래하는 사진이 실린 쪽을 펼쳤다. 잡지는 한쪽 한쪽 모두 별자리처럼 총알구멍이 흩어져 있었고, 구멍 주변으로도 종이가 찢어져서 너덜너덜했다. 미즈락은 이렇게 회상했다. 레이 찰스의 "황홀경은 잡지를 갈기갈기 찢은 총알 때문에 비명으로 변해 있었다. 사격의 표적이 두 잡지 표지에 실린 여자들이었다는 건 나도 알지만, 여성을 노린 그 폭력이 사회의 모든 층에 상징적으로 속속들이 침투해 있다는 생각이 들었다. 사회의 모든 측면이 (…) 폭력으로 점철되어 있다".

총알로 갈기갈기 찢긴 남녀 유명인사, 풍경, 제품, 영화 장면을 찍은 미즈락의 대형 컬러 사진과 저 논평을 내가 떠올린 건 일년 전 오늘 발생했던 아일라비스타 대량 살인 사건에 대해 다시 한번 곰곰이 생각했을 때였다. 2014년 5월 23일 저녁, 스물두살의 남자가 광란극을 벌였다. 그는 여섯명을 죽였고, 총알을 날리거나 차로 들이받아서 더 많은 사람을 다치게 한 뒤, 권총으로 자살했다.

　그날 밤 아일라비스타는 날이 푸근했다. 아일라비스타는 캘리포니아 샌타바버라 대학UCSB 근처 해안가 개발지로, 엉뚱한 이름의 피자 가게나 부리또 가게, 남녀 대학생 사교 모임 방, 아파트가 즐비한 동네다. 학생들은 반바지와 티셔츠와 수영복 차림으로 친구들과 함께 밖에서 스케이트보드를 타거나 자전거를 타거나 산책하고 있었다. 살인자는, 컬럼바인 살인자들처럼 영웅시되어서는 안 되기에 우리가 그 이름을 기억해선 안 될 살인자는, 그 동네에서 3년 가까이 살았지만 친구가 없었다. 오래전부터 그는 자신에게 섹스, 애정, 우정, 성공을 빚지고 있다고 여긴 세상에게 복수하고자 유혈극을 벌일 계획을 짜왔다. 그의 적개심은 특히 여자들에게, 그리고 그 여자들과 즐거이 어울리는 남자들에게 향했다.

　할리우드 영화 산업의 변두리에서 성장한 젊은 남자가 그날 온라인에 올린 자전 에세이는 천박함과 근거 없는 권리의식이 돋보였다. 가혹한 평가이긴 하지만, 타인의 삶에 감정이입하고 상상하고 관여하는 능력이 철저히 결여되었던 그의 상태는 다른 말로는 표현할 길이 없다. 그는 종종 정신질환을 앓고 있었던 것으로 이야기되지만, 사실 그렇다기보다는 주변 사회의 광기에, 우리 사회의 최악의 속성에 이례적으로 민감하게 감응하는 사람이었던 것 같다.

그의 여성혐오는 우리 문화의 여성혐오였다. 복권에 당첨되어 부유해지고 부러움을 받고 섹스도 맘껏 하겠다는 그의 슬픈 꿈은 시장에서 널리 판매되는 평범한 꿈이다. 브랜드 제품과 지위 상징에 대한 그의 집착은 광고 산업이 우리에게 주입하려고 애쓰는 집착이다. 총구를 겨눠 힘과 지위를 얻겠다는 그의 환상은 총기 로비 단체와 액션 영화가 우리에게 판매하는 환상이다. 그런 영화에서 불사신 같은 초인은 정확하게 발사한 총알로 악당을 쓰러뜨린다. 그는 총으로 신이 된다. "준비의 첫 단계는 나의 첫 권총을 구입하는 것이었다." 살인자는 오래 계획한 광란극에 대해서 이렇게 썼다. "권총을 받아 방으로 가져와서, 나는 처음 맛보는 힘을 느꼈다. 나는 이제 무장했다. 이제 누가 알파 메일이지, 쌍년들아? 예전에 나를 깔봤던 여자애들을 떠올리면서 속으로 생각했다."

그날 그는 계획했던 대로 자기 아파트에서 세 젊은 남자를 칼로 찔러 죽였다. 잠복했다가 한번에 한명씩 죽인 것 같았다. 둘은 그의 룸메이트였고 한명은 손님이었다. 스무 살의 웨이한 왕Weihan Wang, 역시 스무살의 첸 홍Chen Hong, 열아홉 살의 조지 첸George Chen이었다. 살인자는 그다음 총을 챙겨서 제일 예쁜 여자애들이 있다고 생각한 여학생 사교 모임을 찾아갔고, 그 안의 여자를 모조리 죽이겠다는 생각으로 문을 두드렸다. "섹시하고 예쁜 금발 여자애들. 내가 늘 욕망했지만 다들 나를 깔봤기 때문에 한번도 가질 수 없었던 애들. 다들 버릇없고, 냉정하고, 못된 쌍년들이다." 무섭고 끈질기게 쾅쾅 때리는 소리에 경각심을 느껴 아무도 문을 열어주지 않았다. 살인자는 대신 밖에서 여자세명을 쐈다. 스무살의 캐서린 쿠퍼Katherine Cooper, 열아홉 살의 베로니카 와이스Veronica Weiss, 그리고 처음에는 행인의 도움을 받고 나중에는 보안관 대리들의 도움을 받아 목숨을 건진 세번째 여자였다. 살인자는 차로 돌아와서 난폭하게 몰며 행인을 쳤다. 사람들을 내동댕이치고, 들이받고, 놓치기도 하면서 총알도 더 뿌렸다. 그는 죽인 사람 여섯명 외에도 열네명에게 더 부상을 입혔다.

살인자가 자살하기 전 마지막으로 죽인 사람은, 친구들과 함께 밖에 있다가 피할 곳을 찾아 편의점으로 들어갈 때 맨 뒤에 섰던 크리스토퍼 마이클스마르티네스Christopher Michaels-Martinez였다. 2014년 5월 23일 밤 9시 반경, 보안관 보고서에 따르면, 총알 하나가 그의 "왼쪽 가슴으로 들어가서 오른쪽 가슴으로 나오면서 간과 오른심실을 관통했다." 운동을 좋아하고 영문학을 전공했던 스무살의 크리스토퍼 마이클스마르티네스는 친구들과 놀러 나왔다가 편의점 바닥에 쓰러져 즉사했다. 곁에 있던 열아홉살의 여자가 구해보려고 했지만 소용없었다. 며칠 뒤 편의점 앞 인도에 촛불과 꽃으로 마련된 추모 장소에서 여자는 이렇게 회상했다. "그를 내려다보면서 심폐소생술을 해주는데 얼굴을 알아보겠더라고요. 내가 신입생 오리엔테이션에서 맨 처음 만났던 학생이었어요."

"크리스토퍼와 하루만 더 함께 지낼 수 있다면 내 남은 평생이라도 내놓겠습니다." 크리스토퍼의 아버지 리처드 마르티네스Richard Martinez는 몇주 전 내게 이렇게 말했다. "하지만 그런 일은 있을 수 없겠죠. 그러니까 대신 나는 이 일을 합니다." 이 일이란 '총기로부터 안전한 세상 만들기'라는 단체와 함께 총기 규제 운동을 펼치는 일이다. "우리 아들처럼 소중한 아이를 잃는 경험을 다른 부모들도 하기를 바라지 않습니다. 이건 생명을 구하는 활동입니다." 그날 밤 그의 아들 외에도 여섯명이, 젊은 사람 여섯명이 더 죽었다. 그들 모두에게 가족이 있었다. 그 모든 가족들이 리처드 마르티네스처럼 애통해했을 것이다. 또한 이 청년의 어머니처럼. 또한 친척들, 친구들, 여자친구, 다른 학생들처럼.

또한 청년의 삼촌처럼. 샌프란시스코의 건축가이자 내 친구이고 조카를 사랑했던 삼촌 앨런 마르티네스Alan Martinez는 조카와 함께 햇살을 쬐면서 키케로, 알함브라, 에이즈, 불교, 그밖의 온갖 것들에 대해서 토론했던 추억을 내게 들려주었다. 삼촌과 조카가 캘리포니아의 푸른 언덕에 나란히 누워 무슨 농담인지 그저 그 순간의 즐거움 때문인지에 깔깔 웃는 모습을 찍은 사진이 있다. 사건 다음 날 기자회견이 열렸을 때 앨런은 리처드 옆에 서 있었고, 그때 리처드는 고통에 잠긴 목소리로 "한명도 더 잃을 수 없다"라고 말했다. 이 말은 그가 펼치는 총기 규제 운동의 슬로건이 되었다.

당당한 풍채, 까만 머리카락, 세어가는 턱수염을 기른 리처드 마르티네스는 아들이 죽기 불과 몇시간 전에 아들과 마지막으로 통화했다. UCSB 학생 크리스토퍼는 이듬해 런던으로 가서 일년간 공부할 계획에 들떠 있었다. 리처드는 두 사람이 통화를 조금만 더 길게 했더라면, 혹은 조금만 더 일찍 끝냈더라면 크리스토퍼가 아직 살았을 수도 있지 않을까 생각한다.

나는 그 아버지를 만날 때마다 그 아들이 어떤 사람이었는지를 점점 더 잘 알게 되었다. 이야기, 사진, 휴대전화 영상을 통해서. 잘생기고 활기차고 발랄했던 청년은 운동을 좋아하고 똑똑했을 뿐 아니라 성품도 다정했다. 갈색 머리카락에 갈색 눈, 그리고 환하고 매력적인 미소, 인생을 한 껏 누리고 싶어하는 듯한 즐거운 미소를 지니고 있었다. 그는 열여섯살에 스카이다이빙을 하고 싶어했지만 부모가 허락하지 않았다. 4년 뒤, 죽기 몇달 전에 그는 결국 스카 이다이빙을 했다. 그가 죽은 뒤 누군가 리처드에게 동영상 을 보내주었고, 리처드는 이달 초 내게 그걸 보여주었다. 노란 점프슈트를 입은 크리스토퍼가 비행기에 탈 준비를 한 모습, 비행기에 탄 모습, 강사와 함께 새파란 하늘로 자 유낙하하는 모습, 낙하산을 펼친 뒤에는 좀더 부드럽게 캘 리포니아의 푸른 땅으로 내려오는 모습이 찍혀 있었다. 함 박웃음이 얼굴을 떠나지 않았다. 그렇게 살아 있었다. 그 러다 죽었다.

리처드 마르티네스는 자식이 하나뿐이었고, 지금은 하 나도 없다. 그는 자선 행사나 캠페인에서 나눠주는 것과 같은 고무 팔찌를 오른 손목에 차곡차곡 끼고 있다. 하나 하나가 미국에서 총으로 살해된 아이들, 샌디훅을 비롯한 총기 난사 사건에서 죽은 아이들을 기념하는 것으로, 그는 팔찌들을 하나하나 짚으면서 이 아이는 언제 어디서 살해 되었고 하는 사연을 술술 말해준다. 그의 팔은 묘지다. 그 사망자들의 부모들은 캠페인의 일환으로 팔찌를 나눠 차 고, 비통한 자들의 공동체를 이루고 있다. 사건 며칠 후부 터 마르티네스와 이야기 나누기 시작했던 나는 그와 말할 때마다 그가 견디기 힘든 그 고통에서 어떻게든 의미를 찾으려 애쓴다는 인상을 받는다. 그는 고통으로부터 벗어날 수 없다. 하지만 고통으로 무언가를 할 수는 있다. 그래서 그는 오랜 관선 변호인 일을 그만두고 거리로 나섰다.

그 살인 광란극의 원인은 다양한 각도에서 찾을 수 있다. 지난해 (나를 비롯한) 페미니스트들은 여성혐오에 초점을 맞췄다. 살인자는 모든 여자가 자신에게 빚지고 있다고 믿었고, 여자가 제공할 수 있는 모든 쾌락과 아양을 받을 권리가 자신에게 있다고 생각하며 분개했다. 이 범죄에 대한 토론은 좀더 폭넓게 여성에 대한 모든 폭력을 이야기하는 토론으로 이어졌다. 그때 남자들은 자꾸만 "모든 남자가 다 그렇진 않아"라고 말했고, 가끔은 #notallmen(모든 남자가 그렇진 않다)이라는 해시태그까지 써가면서 가령 "모든 남자가 다 강간범이나 살인자는 아니니까 남성의 폭력이라는 일관된 패턴이 있는 것처럼 말하진 말자"라고 주장했다. 그래서 'Gilded Spine(황금빛 책등)'이라는 아이디로 트위터를 하던 한 젊은 여자는 #yesallwomen(여자들은 다 겪는다)이라는 해시태그를 만들었다(『남자들은 자꾸 나를 가르치려 든다』 8장에서는 "Kaye"라는 아이디를 쓴 사람이 만들었다고 말했으나 여기서는 아이디가 수정되었다 — 옮긴이).

그 해시태그는 맞아, 우리도 모든 남자가 다 이런 범죄를 저지르진 않는다는 걸 알아, 하지만 요점은 모든 여자가 그런 남자들에게 영향받는다는 거야,라는 뜻이었다. 이 해시태그는 아일라비스타 사건 후 몇달 동안 대대적으로 유행했지만, 창안자인 '황금빛 책등'은 엄청나게 쏟아진 적대적 트윗에 시달리다 못해 한동안 침묵해야 했다. 폭력에 대해서 말하는 것조차 위험했던 것이다. 비아냥거리는 말, 포르노에 가까운 그림, 협박을 포스팅하는 남자들은 자신들이 그럼으로써 페미니즘의 필요성을 몸소 입증하고 있다는 걸 모르는 듯했다. #yesallwomen은 여러 페미니즘 해시태그들 중에서도 가장 널리 퍼졌던 것 같다. 최근 몇 년 동안 그런 해시태그들은 폭력과 생존을 이야기하는 집단 대화와 증언을 묶어주는 거멀못처럼 기능했다.

모든 폭력에는 권리의식 혹은 권위주의가 있다. 우리는 살인자가 타인의 목숨을 앗아갔다고 말한다. 앗는다는 건 가로챈다는 뜻이다. 훔치는 것, 자신이 소유자인 양 특권을 행세하는 것, 타인의 생명을 마음대로 처분해버리는 것이다. 마치 그것이 자기 것이라서 그래도 된다는 듯이. 하지만 그것은 결코 그의 것이 아니다. 더구나 미국에는 어마어마한 규모의 무기고가 있고, 그것으로 자행되는 파괴 행위가 있다. 미국에서는 매일 91명이 총에 맞아 죽는다. 매년 12,000건의 총기 살인이 벌어지는데, 마르티네스의 단체 "총기로부터 안전한 세상 만들기"에 따르면 이는 다른 산업 국가들의 20배가 넘는 수준이다. 총기 살인 발생률이

178

그동안 더 오르진 않은 것처럼 보이지만, 그건 십년 전보다 총에 맞는 사람이 줄어서가 아니다. 총에 맞는 사람은 오히려 더 많아졌지만, 요즘은 응급실과 외상 치료 센터가 더 많은 생명을 구하기 때문이다. 치명적이지 않은 총상 환자의 수는 2002년부터 2011년 사이에 두배로 늘었다.

우리는 두가지 방식으로 교전 지대에 있다. 첫번째는 문자 그대로의 전쟁이다. 자살, 가정폭력 살인(2008년부터 2012년 사이에 여성 3,110명이 현재나 과거의 남자 파트너에게 살해당했다), 다른 살인들, 사고사를 합하여 매년 예의 12,000구의 시체를 만들어내는 전쟁이다. 두번째는 의미의 전쟁이다. 한쪽 진영에는 총이 우리를 더 안전하게 만들어줄 것이고 더 많은 장소에서, 가게와 거리와 학교에서 더 많은 손이 더 많은 총을 쥐어야 한다고 끊임없이 설득하는 사람들이 있다. 그들은 "총을 쥔 착한 남자가 나쁜 놈을 총으로 저지하는" 시나리오를 끊임없이 떠벌린다.

총 든 사람이 서부영화의 총잡이 영웅처럼 혼란 상황에 척 나타나서 정확하고 효과적인 사격으로 착한 사람은 다치지 않게 하고 나쁜 사람만 죽이는 일은 현실에서는 놀랍도록 드물게 벌어진다. 반면 총이 쓰인 다른 시나리오들은—살인, 자살, 끔찍한 사고는—쉴 새 없이 벌어진다. 어린 아이가 총을 발견해서 그걸로 친구나 형제자매나 부모를 쏘는 일이 발생하면, 어떤 사람들은 그것을 총기 소유가 쉬울 때 자연히 손쉽게 발생할 수 있는 사건이라고 말하는 대신 그저 끔찍한 사고였다고만 말한다. 총기 확산 선호자들이 말하는 총은 실물 총이라기보다는 정체성의 상징으로서의 총이다. 지배하고 명령하고 통제하는 자가 되는 환상, 아일라비스타의 살인자가 했던 말을 빌리자면 알파 메일이 되고 싶다는 꿈, 그 낡고 불가능한 마초적 꿈의 상징으로서의 총이다. 강성 총기 옹호자들에게 무기는 정체성의 토템이지, 매년 12,000명을 실제로 죽이는 도구가 아니다.

캘리포니아주는 아일라비스타 광란극에 대한 대응으로 법률 AB 1014호를 제정했다. 타인에게 위협이 될 수 있는 사람이 총을 소지하고 있을 경우 가족이나 집행관이 법정에 청원해서 총을 수거할 수 있도록 하는 법률이다. "총기 폭력 제한 명령"이라고 불리는 이 법은 아일라비스타에서 자행된 대량 살인의 일부나마 예방했을 수 있고, 어쩌면 시나리오 전체를 불가능하게 만들었을 수도 있다. 사건이 벌어졌던 그달 초, 살인자의 어머니는 샌타바버라 보안관 사무실에 전화해 아들이 염려된다며 신고를 넣었다. 2016년 1월 1일부터 효력이 발생하는 이 법은 다른 살인자들을 예방할 수 있을 것이다. 오리건과 워싱턴에서도 훌륭한 법안이 통과되었고 올해 텍사스와 플로리다에서는 총기 소유권을 확대하려던 조치가 실패했다고, 마르티네스가 알려주었다. 하지만 일년 전 끔찍했던 그 밤, 총뿐 아니라 칼, 심지어 차도 남들을 해치는 데 사용되었다.

이 나라의 폭력을 해결할 쉬운 해법은 없다. 원인이 하나만도 아니다. 미즈락이 사격 연습 표적으로 쓰였던 『플레이보이』 잡지를 보면서 생각했듯이, "사회의 모든 측면이 (…) 폭력으로 점철되어 있다." 하지만 폭력의 대안으로 채워진 측면도 많다. 타협하는 자세, 생명에 대한 사랑, 너그러움, 감정이입. 이런 요소들도 우리 문화에서 강력한 힘을 발휘하고 있다. 살인극이 펼쳐졌을 때, 사람들은 앞다투어 달려와서 다치고 죽어가는 이들에게 위로와 피난처와 응급처치를 — 지혈하고, 총상을 압박하고, 심폐소생술을 실시했다 — 제공했다. 그 주에 UCSB 체육관에서 열린 추모식에는 2만명이 모였다. 하지만 우리 사회의 최선의 모습에 해당하는 사람들도, 나머지 사람들과 마찬가지로, 언제 어디서든 폭력이 터질 수 있는 환경에서 살아가고 있다.

크리스토퍼 마이클 스마르티네스의 이름을 딴 장학금이 생겼다. 사회 정의에 헌신하는 영문학 전공 대학생에게 주는 장학금이다. 1주기를 맞아서 여러 기념 행사와 전시회가 준비되고 있고, UCSB에는 정원도 만들어질 예정이다. 법률들이 통과되었거나 계류 중이고, 페미니스트들은 폭력과 여성혐오에 대해서 활발히 대화하고 있다. 하지만 죽은 사람은 여전히 죽어 있고, 유가족은 여전히 슬퍼하고 있으며, 더 많은 살인이 발생할 무대는 여전히 갖춰져 있다.

〔2015〕

THE MOTHER OF
ALL QUESTIONS

최근
강간 농담의
짧고 흐뭇한
역사

강간 농담은 웃긴가? 몇 년 전까지만 해도 페미니즘의 입장은 절대 아니라는 것 같았다. 그러나 이후 상황이 180도 바뀌었다. 강간 농담이 지난 3년 동안 빠르게 진화한 양상은 성폭력, 젠더, 페미니즘, 누구의 목소리가 중요한가, 누가 말할 것인가에 대한 집단 대화의 크나큰 변화를 소규모로 반영했다고도 할 수 있다.

도전장이 던져진 건 2012년이었다. 코미디언 대니얼 토시Daniel Tosh가 무대에서 강간 농담은 참 재밌다고 지껄이고 있을 때, 관객 중 누군가 외쳤다. "강간 농담은 하나도 재미 없어요." 토시는 이렇게 받아쳤다고 한다. "저 아가씨가 지금 여기서 남자 다섯 명한테 강간당하면 웃기지 않을까요?" 이 말을 들었던 여성은 나중에 블로그에 글을 썼고, 그 글과 저 사건은 많은 관심을 끌었다. 이후 페미니즘과 코미디가 얼마나 많은 변화를 겪었는지를 떠올리면, 저건 꼭 고대에 벌어졌던 사건처럼 느껴진다.

강간 농담이 웃기지 않는다는 명제는 강간 농담이 피해자를 비웃는다는 가정을 깔고 있다. 강간 농담이 무지 웃기다는 주장은 그런 농담을 곧잘 말하고 즐기는 사람들 중 일부가 고집해왔다. 너한테 끔찍한 일이 벌어졌네, 하하하! 난 여자를 욕보이고 비하할 테고, 여자의 인격을 부정할 테야, 호호호! 나한텐 이게 웃기고, 네 생각은 관심 없어!

샘 모릴Sam Morril, 틀림없이 무대에 서 있었고 아마 코미디언이라고 불러줘야 하는 모양인 그는 이런 농담을 선보였다. "내 옛 애인은 나한테 절대 콘돔을 씌우지 않았어요. 완전 좋죠. 대신 여자친구가 약을 먹고 했죠." 잠시 멈추고. "앰비엔요."(앰비엔은 유명한 불면증 치료제 이름이다 — 옮긴이) 의식을 잃은 피해자와 섹스하는 게 어쩌나 웃긴 일인지, 미국에서 가장 이름난 코미디언은 수십년 동안 그 짓을 해왔다고 한다. 하지만 우리는 2012년이 되어서야 빌 코스비에 대해서 말하기 시작했다.

대화가 시작되었을 때, 사람들은 아래를 때리는 것과(상대적으로 힘없는 사람들을 조롱하는 것) 위를 때리는 것은(특권층이나 기득권을 겨냥한 것, 심지어 제국에 주먹을 날리는 것) 다르다고 구별 지었다. 그즈음의 강간 농담은 전부 아래를 때리는 것들이었다. 당시만 해도 형편없는 강간 농담을 레퍼토리에 포함시켰던 루이스 C. K.는 토시 사건을 두고 늘 벌어지는 "코미디언들과 페미니스트들의 싸움" 중 하나라고 말했다. "그들은 천적이죠. 왜냐하면, 고정관념적으로 말해서, 페미니스트들은 농담을 못 받아들이거든요." (아니면 그들은 페미니스트들이 그들을 비웃으니까 페미니스트는 안 웃는다고 생각했을 수도 있다.)

루이스 C. K.는 2012년 실수에서 회복하여 공부를 좀 했고, 그리하여 2013년에는 여자가 남자의 데이트 신청에 응하여 함께 외출하는 데는 용기가 필요하다고 말했다. "여자들이 어떻게 아직도 남자들하고 데이트하는지 모르겠다니까요. 여자에게 남자보다 더 위험한 건 없는데 말이에요. 우리 남자들이 여자들의 제일가는 위험 요소라고요! 역사적으로도 세계적으로도, 우리 남자들은 여자들의 제일 큰 부상 및 상해 원인이에요." 이 말은 엄밀히 웃기지 않다. 관습을 거스르는 충격적 진실을 말하는 게 웃기다고 한다면 모르겠지만. 우리는 이런 말을 들었을 때 최소한 놀라서, 혹은 불편해서, 혹은 인정의 의미로 웃는다. 유머와 관습 위반은 뗄 수 없는 관계이지만, 관습 위반에도 여러 종류가 있다. 이를테면 여덟살짜리 꼬마가 좋아하는 농담은 언어나 논리나 닭이 길을 건넌 이유에 대한 관습적 대답을 거스르는 종류의 위반이다("닭이 왜 길을 건넜을까요?"에 엉뚱하게 답하는 농담이 미국에는 많다 — 옮긴이).

루이스 C.K.의 요지를 훨씬 더 먼저, 조금 더 간명하게 말한 사람이 당연히 없지 않았다. 일찍이 마거릿 애트우드는 "남자는 여자가 자기를 비웃을까봐 걱정한다. 여자는 남자가 자기를 죽일까봐 걱정한다"라고 말했다. 유머 감각 없는 남자들이야말로 남성 권리 운동, 게이머게이트, 그밖의 여성혐오적 반격에 불을 지피는 이들인지도 모른다. 나는 복수를 지지하는 사람은 아니지만, 지금이 남자들은 너무 안 웃기다는 사실을 한탄해도 괜찮을 시점인 건 사실이다.

최근 몇년 동안 웃긴 여자들이 ─ 에이미 폴러Amy Poehler, 티나 페이Tina Fey, 캐머런 에스포지토Cameron Esposito, 마거릿 조Margaret Cho, 세라 실버먼Sarah Silverman이 ─ 점점 더 두각을 드러냈지만, 코미디의 가부장제에 최후의 일격을 날린 사람은 남자였다. 해니벌 버리스가 빌 코스비를 비난한 것이다. 마침내 "미국의 아빠"를 폐위시킬 시점이 왔고, 2015년 한 타블로이드 신문은 1면에서 그를 이렇게 명명했다. "미국의 강간범."

일단 버리스가 포문을 열자, 코스비 사냥 시즌이 펼쳐졌다. 2015년 1월 골든글로브 시상식에서 진행자였던 티나 페이와 에이미 폴러는 코스비를 찢어발겼다. 동화에 기반한 어두운 영화 「숲속으로」를 언급하면서, 폴러는 "잠자는 숲속의 공주는 자기가 빌 코스비와 그냥 커피를 마시는 줄 알았어요"라고 말했다. 그러자 페이는 턱틱 뱉는 듯한 코스비의 말투를 흉내내면서 그가 여자들에게 약물을 투여했다는 혐의를 다르게 표현했다. "난 사람들에게 약을 줬답니다. 사람들은 약을 원하지 않았죠." 폴러가 조롱에 가세하고, 카메라는 청중석을 한바퀴 죽 돌며 보여주는데, 그곳에 앉은 유명인사들 중 일부는 강간 반대 농담이 웃기다고 생각하는 것 같았고 다른 일부는 꼭 자동차 전조등 앞에서 굳어버린 사슴 같은 표정이었다.

코스비는 추락했다. 버리스가 포문을 연 뒤 주류 언론의 기자들과 생존자들의 증언이 줄 이었기 때문이다. 역시 2015년 1월, 코미디의 위풍당당한 종조부쯤 되는 제이 레노Jay Leno는 이렇게 말했다. "사람들이 여자들 말을 왜 그렇게 못 믿는지 모르겠어요. 사우디아라비아에서는 남자에게 불리한 증언을 하려면 여자가 두명 있어야 한다죠. 그런데 여기서는 스물다섯명이나 필요하잖아요." 거물 코미디언이 농담의 대상이 되는 것에는 특별한 아이러니가 있다. 그것은 페미니즘 코미디의 주류 진입과 강간문화의 약화를 뜻했다. 이보다 더 극명한 수문장 교대식은 없었다.

빌 코스비는 그런 연쇄 범죄 혐의를 받고도 그동안은 살아남을 수 있었다. 여자에게는 신뢰성이 전혀 없고 목소리가 거의 없는 문화, 여자가 그에게 강간당했다고 신고하면 오히려 더 공격받고 그는 면책되며 힘이 불평등하게 작용하는 문화 덕분이었다. 그러나 이제 그는 면책권을 잃었고, 힘의 대부분을 잃었다. 7월 26일자 잡지 『뉴욕』에서는 그 시점까지 나섰던 피해자 총 46명 가운데 35명이 입을 열고 얼굴을 드러냈다. 그것은 사실상 그의 묘비였다. 그들의 이야기가 그를 묻었다. 그리고 그들의 이야기는 무덤의 침묵으로부터 자신들을 파냈다.

에이미 슈머는 코미디센트럴 채널의 자기 쇼에서 코스비에 관한 촌극을 두어편 선보였다. 하나는 슈머가 코스비의 변호사가 되어 배심원들에게 당신들은 진실과 정의보다 "미국의 아빠", 푸딩, 기타 등등을 더 사랑하지 않느냐고 설득하는 내용이다. 사람들이 자신이 좋아하는 것을 포기하기를 꺼리는 현실, 자신을 불편하게 만드는 것을 직시하기를 꺼리는 현실을 비판한 거였다. 이야기에는 반전이 있다. 무대 밖에 있던 코스비가 슈머에게 감사의 표시로 음료를 한잔 보내는데, 슈머는 질겁하여 그것을 쳐다보고는 어깨 뒤로 휙 쏟아버린다. 슈머는 아는 것이다.

정말로 획기적인 걸작, 서사시, 강간범을 비웃는 강간 농담의 『일리아드』라 할 만한 작품은 「인사이드 에이미 슈머」에서 선보였던 '풋볼 타운 나이츠'였다. 「프라이데이 나이트 라이츠」(텍사스의 한 고등학교 풋볼팀에 관한 TV 쇼)를 패러디한 그 촌극은 강간문화의 논리를 훨씬 더 신랄하게 비튼 이야기였다. 2015년 4월 방영된 이야기에서, 새로 부임한 풋볼 코치는 남자아이들에게 강간하지 말라고 가르친다. 하지만 아이들은 도통 이해하지 못하고, 동네 사람들은 다들 코치를 미워한다. 슈머는 코치의 좋은 아내 역을 맡아, 새 학교에서 코치의 일이 점입가경으로 나빠지는 동안 말 한마디 없이 점점 더 큰 잔에 백포도주를 담아 들고 나타난다.

시작 장면에서 라커룸에 모인 풋볼팀은 코치의 '강간 금지' 규칙을 빠져나갈 허점을 찾으려고 애쓴다. "어웨이 경기에서는 강간해도 되나요?" 안 돼. "핼러윈인데 여자애가 섹시한 고양이처럼 입었으면요?" 안 돼. "여자애는 강간이라고 생각하지만 저는 아니면요?" 그래도 안 돼. "우리 엄마가 지방 검사라서 기소하지 않을 거면 강간해도 되나요?" "여자애가 딴 날 저한테 좋다고 말했다면요? 다른 문제에 관한 거였지만." "여자애가 좋다고 말해놓고 미친 사람처럼 갑자기 마음을 바꾸면요?"

고등학생들의 이런 논증은 우리가 대학 캠퍼스와 댓글창에서 접하는 논리 혹은 비논리와 정확히 같은 종류다. 이것은 남자의 권리에 한계를 인정하지 않는 것, 혹은 여자의 권리가 존재함을 인정하지 않는 것이다. 이 뒤에 나오는 장면도 훌륭하면서 소름 끼치는데, 중년 여자들이 코치더러 "우리 아들들"의 정당한 강간 권리를 허락하지 않는다며 침을 뱉는 장면이다(현실에서 젊은 여자가 스포츠 스타의 강간을 고발하면 사람들이 오히려 피해자에게 화내는 것, 피해자가 받은 충격이 아니라 가해자가 받을 충

190

격에 집중하는 게 대세인 현상을 떠올리게 한다*). 이 촌극은 강간범 지망자들이 얼마나 비합리적이고 아무 변명이나 갖다 붙이는 멍청이들인지, 공동체가 그 멍청이들 중 일부를 얼마나 든든하게 지원하는지를 보여주는 웃긴 강간 농담이다. 요컨대 이것은 강간이 아니라(극 전체에서 실제 강간은 벌어지지 않는다) 강간문화에 관한 이야기다. 형세는 역전되었다. 페미니즘은 아직 이기지 못했고, 모두가 기본 인권을 존중받도록 만드는 전쟁은 아직 끝나지 않았지만, 지금 이 순간 우리는 이기는 중이다. 이 싸움은 죽도록 진지한 것만큼이나 때로는 제법 웃기다.

추신

내가 이 글을 쓴 뒤, 슈머는 대본 및 발언에서 인종에 관하여 심하게 그릇된 생각을 드러냈다. 슈머의 시각은 (그리고 대본은) 흠이 있다. 가끔 슈머는 여성으로 산다는 것, 즉 다양한 부류의 여성으로 산다는 것의 의미에 어떤 혁명이 가능한가를 말하는 대신 젊은 백인 이성애자 여성들의 감정적 욕구만을 변호했다. 하지만 그동안 슈머가 걸작을 두어편 만들어낸 것은 사실이다.

〔2015〕

• 온라인 풍자 잡지 『어니언』은 2011년 이런 제목을 실었다. "대학 농구 스타, 자신이 저지른 비극적 강간을 영웅적으로 극복하다."

2부

이야기를 깨뜨리다

THE MOTHER OF
ALL QUESTIONS

500만년 된
교외에서
탈출하기

우리가 누구이고, 누구였고, 누구일 수 있는가에 대해 대화하다보면, 어느 시점엔가 반드시 누군가 '사냥꾼 남자' 이야기를 들고 나타난다. 그것은 남자만이 아니라 여자와 아이에 대한 이야기이기도 하다. 수많은 변종이 있지만, 대체로 다들 이런 내용이다. 원시시대에는 남자들이 밖에서 사냥하여 고기를 집으로 가져와서 여자들과 아이들을 먹였고, 여자들과 아이들은 빈들대며 남자에게 의존했다는 것이다. 대부분의 버전에서 핵가족이 등장한다. 남자는 오로지 제 가족만 부양하고 여자에게는 육아를 거들어주는 공동체가 없다. 모든 버전에서, 여자는 새끼를 치는 짐짝이다.

지금으로부터 20만년 전에서 500만년 전쯤 존재했던 인간 사회에 대한 이야기라고는 하지만, 이 이야기 자체는 그다지 오래되지 않았다. 기원이 무엇이었든, 이 이야기는

20세기 중엽에야 인기가 최고조에 달했던 것 같다. 1960년 대에 가장 유명했던 버전 중 한 대목을 인용해보자. 데즈먼드 모리스Desmond Morris의 『털 없는 원숭이』에 나오는 대목이다.

아이들이 엄청나게 오랫동안 어른에게 의존하는 데다가 요구하는 것도 버겁도록 많았기 때문에, 여자들은 거의 늘 집에 매여 있어야 했다. (…) '순수' 육식동물과는 달리, 인간의 사냥꾼 패는 전적으로 남자로만 구성되었다. (…) 정력적인 유인원 남자가 먹을 것을 찾아 떠나면서 제 여자들을 주변에 얼씬거릴 지도 모르는 다른 남자들의 접근에 노출되게끔 내버려둔다는 건 듣도 보도 못한 일이었으므로 (…) 해답은 남녀 한쌍이 짝을 짓는 것이었다.

이런 이야기는 한마디로 1950년대 말과 1960년대 초 미국 중산층에게 지배적이었던 사회경제 구조를 인간 종의 기원으로 거슬러 올라가서 추적하려는 시도다. 나는 이런 이야기를 500만년 된 교외의 이야기라고 여긴다. 원시 인간 남자들은 늘 나갔다고 한다. 한명도 빼놓지 않고. 남자들 중에는 늙었거나 아프거나 아니면 그냥 빈둥거리면서 지난주 잡았던 환상적인 영양에 대해 잡담이나 하는 사람이 한명도 없었던 것 같으니까. 남자들은 원시 출퇴근 기록계를 성실히 찍으며 창과 아틀라틀을 들고 매일, 종일 나갔다. 그동안 여자들은 난롯가에서 아이들과 어슬렁거리며 남자들이 베이컨을 가지고 돌아오기를 기다렸다. 남자가 여자를 먹였다. 여자는 남자의 유전자를 퍼뜨렸다. 훗날 여성 인류학자들이 지적하듯이, 이런 이야기는 여성의 정조와 남성의 힘을 몹시 걱정했다. 그래서 왜 여자들은 정숙하고 남자들은 강한지 설명하는 가설을 덧붙임으로써 걱정을 달랬다. 정조를 고깃덩이와 교환했다는 것이었다.

1966년 시카고 대학에서는 '사냥꾼 남자'라는 제목으로 학회까지 열렸고, 발표문을 엮은 같은 제목의 책도 나왔다. 나는 구글 검색으로 그 책의 온라인 버전을 확인해보았는데, 여자라는 단어는 74쪽에서야 처음 등장한다. 이런 문장이다. "이동하지 않는 구성원은 몸이 불편하거나 나이든 사람들, 여자들, 아이들이었다." 책은 수렵채집인에 관해 논하는 내용일 텐데도, 채집인이라는 단어 역시 드물게만 등장한다. 만약 이런 이야기가 지금까지 살아남지만 않았어도, 우리는 이것을 과거의 희한한 가설쯤으로 치부할 수 있을 것이다. 하지만 우리 시대의 주류 담론부터 여성혐오적 주변부까지, 사람들은 여태 이런 이야기가 우리의 과거에 관한 사실인 것처럼 퍼뜨린다. 심지어 우리의 현재에 관한 사실인 것처럼 퍼뜨리는 경우도 많다.

진화생물학의 이런 기이한 환상을 나는 1990년대 말에 걷기의 역사에 관한 책을 쓰다가 알았다. 우연히 해부학자 C. 오언 러브조이C. Owen Lovejoy의 글을 접했는데, 그는 인간 보행 능력의 진화에 관한 논문을 10년 넘게 학술지에 써온 사람이었다. 러브조이가 제안한 가설은 모리스의 짝 형성 가설보다 기술적으로 좀더 복잡했다. "새로운 번식 체계에는 이족 보행이 관련되어 있었다. 두 손이 자유로워진 덕분에 남자가 멀리서 모은 음식을 짝에게 가져다 나를 수 있게 되었기 때문이다." 걷기도 손 쓰기도 사내들의 일이었다는 말이다. 여자들은 집에 머물렀다. 여자들은 의존적인 피부양자였다.

러브조이가 1981년 발표한 「인간의 기원」The Origin of Man 은 널리 인용된 글인데, 그 속에는 아예 제목이 '핵가족'인 장이 있다. 여기서 러브조이는 사냥꾼 남자가 정숙한 여자 애인과 둘의 아이들을 위해 고기를 구해왔을 뿐 — '여자들'을 거느렸다는 모리스의 사냥꾼보다 좀더 일부일처적인 남자다 — 집단 전체를 위해서 그러진 않았다는 가설을 주장했다. 그러나 이 가설이 따뜻한 기후에서 죽은 큰 동물에게, 혹은 무엇이 되었든 사냥꾼이 친구들과 함께 사냥한 동물에게 적용될 수 있을지 의심스럽다. 그 경우 잡은 것을 나누거나 집단 만찬을 즐길 가능성이 더 높지 않을까? 아무튼 러브조이는 남자는 공급하고 여자는 기다린다고 주장했다. "여성은 이동률이 낮았다"라고 가정했다. 요컨대, "핵가족과 인간의 성적 행위의 궁극적 기원은 플라이스토세(홍적세)가 동트기 한참 전이었을지도 모른다"는 것이다.

사냥꾼 남자 이야기에 모순되는 증거는 차고 넘친다. 1950년대에 엘리자베스 마셜 토머스Elizabeth Marshall Thomas는 산족이라고도 불리는 칼라하리 사막 사람들과 함께 살았다. 그들은 아주 최근까지도 지구의 다른 어떤 사람들보다 원시적인 생활양식을 지키며 살았다고 여겨진다. 토머스가 살펴보니, 산족의 경우에는 "아이들이 엄청나게 오랫동안 어른에게 의존하기" 때문에 여자들이 "거의 늘 집에 매여 있어야 했다"는 모리스의 주장은 말짱 거짓이었다.

산족은 온 집단이 정기적으로 이동했고, 가족들이 집단과 떨어져 독립적으로 이동하기도 했다. 토머스가 만난 여자들은 거의 매일 나가서 먹을 것을 채집했다. 너무 커서 업고 다닐 수 없거나 너무 어려 데리고 다닐 수 없는 아이들은 야영지에 남은 사람이 대신 보살폈고, 그동안 엄마들은 돌아다녔다. 토머스는 사냥과 채집이 완전히 분리된 활동이 아니란 걸 똑똑히 보여주었고, "느린 사냥감 ─ 거북, 뱀, 달팽이, 새끼 새는 채집하던 사람들이 자주 발견하곤 했다"고 말했다.

남자들은 식량의 독점적 공급자가 아닐뿐더러 고기의 독점적 공급자도 아니었다. 남자들이 집에 고기를 가져오지 않았다거나 남자들은 중요하지 않았다는 말이 아니다. 다만 모두가, 아이들까지도 식량을 구해왔다는 뜻이다. 그 모든 식량이 다 중요했다. 토머스는 영양을 뒤쫓아 달려서 잡을 수 있을 만큼 탁월한 사냥꾼이었던 한 남자 이야기를 들려주었다. 하루는 그가 큰 동물을 세 마리나 잡았다. 그런 뒤 그는 시체들 곁에 머물렀고, 그동안 아내와 어머니가 고깃덩이를 야영지로 나르는 걸 거들어줄 다른 사람들을 모아 왔다. 그는 정말로 뛰어난 사냥꾼이었지만, 그런 그도 포획물을 처리할 때는 이동성이 높은 여자들과 확대 공동체에게 의지해야 했다. 토머스는 "고기는 사람들을 단합시켰다. 기운을 내게 해주는 고기 식사는 모든 사람을 위한 것이었다"라고 적었다. 산족 남자들은 개인주의적 생활양식을 따르는 핵가족의 가장으로서 사냥한 게 아니라 공동체의 일원으로서 사냥했다.

이누이트족도 고기를 나눈다. 20세기 초 몇십 년 동안 그들과 함께 살았던 작가이자 탐험가인 페터 프로이헨Peter Freuchen이 해준 이야기다. 그는 이누이트인 자기 아내가, 자기 남편이 잡은 물개 고기를 나누는 데 인색한 어떤 여자를 사납게 흉보더라는 이야기를 들려주었다. 나눔은 생존의 문제이자 예절이었다. 지구상에서 가장 철저하게 육식을 하는 사람들로 꼽히는 이누이트족도 가끔 여자들이 남자들의 긴 사냥 여행에 동행했다. 영하의 날씨에 사냥꾼의 옷이 훼손되면 얼어 죽을 수도 있었기 때문이다. 여자들은 남자들의 음식, 옷, 쉴 곳을 보살폈다.

남성의 독립성을 주장하는 그런 '꿰맞춘 가설'('그냥 그런 이야기'라고도 번역되는 'just-so story'는 J. 러디어드 키플링의 동화 제목에서 온 문구로, 현재의 모습만 보고 거꾸로 과거의 원인을 멋대로 지어내어 설명하는 가설을 뜻한다 ─ 옮긴이)들은 정주한 농부들과 수공업, 공업, 화이트칼라 노동자들의 가족 내 역학 관계도 제대로 대변하지 못한다. 농부들은 대부분 집에서 일했고 ─ 밭과 과수원이 딸린 확장된 집이다 ─ 가족도 종종 함께 일했다. 장인의 아내와 아이들은 다양한 방식으로 작업에 참여했다. 요즘 과테말라나 중국이나 방글라데시의 공장에서 그런 것처럼, 산업혁명기 노동계급 여자들과 아이들은 공장과 공방에서 구슬땀을 흘렸다.

모두가 기여했다. 여자를 의존적이라고 부를 순 있겠지만, 그것은 남자에게도 기꺼이 똑같은 표현을 쓸 때만이다. 의존성은 썩 유용한 척도가 아니다. 그보다는 상호의존성이 더 나을 것이다. 대부분의 여자들은 쓸모없고 의존적인 존재가 아니었고, 지금도 대부분의 여자들은 그렇지 않다. 남자는 주고 여자는 받는다는 생각, 남자는 일하고 여자는 논다는 생각이 담긴 사냥꾼 남자 이야기는 현재의 정치적 위치를 정당화하는 가설에 지나지 않는다. 남성 권리 옹호자의 완벽한 표본으로 보이는 어떤 사람은 올 초

소셜미디어에 여자들은 전혀 진화하지 않았다며 다음과 같이 열변을 토했다.

왜냐하면 여자들은 일하지 않았기 때문이다. (⋯) 그래서 지금 세상에는 퇴화한 여성들이 암적 소굴을 이루고 있고, 우리는 허구한 날 그들 때문에 고통받는다. 우리는 여자들을 혼자 세상에 내보내고 아무 도움도 주지 말아야 한다. 그래서 그들이 죽든 살든 아무런 도움도 개입도 말아야 한다. 그래서 여자들도 진화를 따라잡아 인간의 상태에 도달하도록 만들어야 한다.

이 남자의 분노는 픽션에 기반하고 있다. 어쩌면 이런 분노는 우스꽝스러워 보일 수도 있었다. 이것이 오늘날 사람들이 널리 공유하는 믿음, 즉 남자도 여자도 고정되고 분리된 역할만을 맡는다고 봄으로써 인간 종에 대해 상당히 슬픈 그림을 그려 보이는 믿음의 극단적 형태가 아니었다면 말이다.

이런 그림에는 흥미로운 모순이 하나 내재되어 있다. 이런 그림은 한편으로는 여자들이 일하지 않았다고 주장하지만, 다른 한편으로는 출산과 양육이 워낙 버거운 일이었기 때문에 여자들이 집에, 혹은 동굴에, 혹은 나무에 매여 있었다고 주장한다. 이런 그림은 여자들이 평생 회화의 성모처럼 말 그대로 품에 아기들을 안고 있었던 것처럼 말하

지만, 사실은 실제 어머니가 된 여자들도 아기가 어릴 때
는 집중적으로 시간을 할애하되 영원히 그러지는 않았을
가능성, 어머니 노릇을 하는 시기 전후는 물론이고 도중에
도 마비된 삶을 살지는 않았을 가능성이 더 높다.

　가부장적 핵가족 개념을 선전하는 이야기들은 인류의
역사시대 혹은 선사시대 여자들의 실제 처지와는 아무 상
관이 없다. 그런 이야기들은 인류의 처지가 늘 20세기 중
산층 기혼 전업주부 여자들에게 사회가 기대했던 역할과
비슷했다고 주장한다. 한나 아렌트Hannah Arendt조차 옛 여
성의 처지를 거의 아기 생산에 관련된 무엇으로만 묘사했
다. 아렌트는 구체적으로 고대 아테네의 상황을 말한 것이
었는데, 그 시절 재산이 있는 여자들, 시민들의 아내와 딸
은 대체로 집에 매여 있었고 그래서 생산성과 참여가 제약
되었다. 하지만 아테네의 남자들이라고 해서 늘 생산을 한
건 아니었다. 식량은 시골과 머나먼 식민지에서 왔고, 육
체노동은 대부분 노예와 소작인이 맡았다. 아테네 여자들
이 아이를 계속 생산하는 동안 아테네 남자들은 식량 생산
을 그만두었던 것이다. 그런데도 아렌트는『인간의 조건』
에서 이렇게 말했다. "개체의 유지는 남자의 임무이고 종
의 생존은 여자의 임무여야 했던 게 당연해 보인다. 그리
고 이런 자연스러운 기능들, 영양을 공급하는 남자의 노동
과 출산을 하는 여자의 진통은 둘 다 똑같이 절박한 삶의

문제였다."

아렌트는 깔끔한 대칭을 이루는 "남자의 노동"과 "여자의 진통"이라는 표현에 저항하지 못했던 모양이다(원문은 "the labor of man"과 "the labor of woman"으로, 'labor'라는 단어에 '노동'과 '진통(분만)'이라는 두가지 뜻이 있다는 점에 착안한 일종의 말장난이다 — 옮긴이). 그러나 우리는 저항해야 한다. 과거 대부분의 시대에, 집안일은 지금보다 훨씬 더 고된 일이었다. 석탄을 푸거나 나무를 패고, 불을 지피고, 물을 긷고, 요강을 비우고, 모든 것을 손으로 빨고, 동물을 잡거나 돌보고, 빵과 실과 천과 옷과 그밖의 많은 것을 처음부터 직접 만들어야 했다. 물론 일하지 않는 여자는 늘 있었다. 그들은 보통 일하지 않는 남자와 결혼한 여자였다. 그런 여자들의 여가는 사냥꾼 배우자가 아니라 하인들이 제공했으며, 그 하인들 중 많은 수는 여성이었다.

하여간 원시 인류는 여가를 누릴 처지가 아니었으며 전세계 대다수 여자들은 지금도 그렇다. 서구에는 짧게나마 산업화로 가사가 편해지고 많은 중산층 여자들이 돈벌이 경제 활동을 하지 않던 시절이 있었다. 그런 여자들을 비생산적 소비자로 볼 수도 있겠지만, 그렇게 보는 것은 아이를 키우고 가사를 처리하고 일하는 배우자를 지원하는 노동을 하찮게 깎아내리는 것이다. 몇십년쯤 지속되었던 그 시기는 무려 500만년 전에 시작된 건 결코 아니었고, 이후 임금 하락으로 더 많은 여자들이 노동인구로 나서게 되면서 차차 막을 내렸다.

현재 미국에서 여성은 임금 노동자의 47퍼센트를 차지하고, 일하는 여자들 중 74퍼센트는 전업으로 일한다. 산업국가들은 대부분 수치가 이와 비슷하거나 더 높다. 산업국가가 아닌 곳에서는 여자들이 식량을 기르고, 물과 땔감을 나르고, 가축을 몰고, 카사바 뿌리를 찧고, 옥수수를 손으로 빻는다.

가부장제는 ─ 남성이 지배하는 구조와 부계에 집착하는 사회를 둘 다 뜻하는데, 이런 체제는 여성의 성을 엄격하게 통제해야 가능하다 ─ 많은 시대와 장소에서 의존적이고 비생산적인 여성을 다양한 형태로 만들어냈다. 여자들은 옷이나 개조된 신체 때문에 거동이 불편했고, 집에 갇혀 있었고, 폭력의 위협이 뒷받침하는 법과 관습 때문에 교육과 고용과 직업에 접근할 기회가 제약되었다. 일부 여성혐오자들은 여자를 가리켜 무거운 짐짝이나 다름없다고 불평하지만, 여자를 그렇게 만들려고 애써온 건 여성혐오였다.

반권위주의적이고 페미니즘적인 인류학자들은 그동안 이런 이야기를 일부 뒤집으려 시도했다. 일레인 모건Elaine Morgan은 1972년 『여자의 유래』The Descent of Woman라는 책으로 사냥꾼 남자 논증에 반박했고, 1981년 세라 블래퍼 허디Sarah Blaffer Hrdy는 보다 과학적으로 탄탄한 책『여성은 진화하지 않았다』*The Woman That Never Evolved*에서 대안 가설들을 제기했다. 애초 사냥꾼 남자 학회에 참가했고 동명의 책에도 기고했던 마셜 살린즈Marshall Sahlins도 1972년『석기시대 경제학』*Stone Age Economics*이라는 책에서 수렵채집인은 자유시간과 식량이 풍성한 삶을 살았다고 주장했다.

그러나 이 모든 이야기에는 하나의 공통된 가정이 깔려 있다. 인류는 아주아주 오래전 상태로 남아 있을 수밖에 없다는 가정이다. 이 논리에 따르자면, 과거에 우리는 음식을 날로 먹었으니 지금도 조리하지 말아야 한다고 주장할 수 있다. 혹은 과거에 우리가 네 발로 걸었으니 요즘처럼 이렇게 두 발로 걷는 짓은 해선 안 된다고 주장할 수도 있다. 그다지 멀지 않은 과거만 해도 인간은 온화한 일부 지역에서는 거의 전적으로 채식만 했고 극지방에서는 거의 전적으로 육식만 했다.

인간은 대단히 잘 적응하는 종이다. 우리는 도시에서 살고, 유랑 집단으로 살고, 핵가족으로 산다. 일부다처제나, 일처다부제나, 사실상의 연속적 일부일처제나, 금욕 서약에 따라 산다. 다른 젠더의 사람과 결혼하거나, 같은 젠더의 사람과 결혼하거나, 아예 결혼을 안 한다. 생물학적 자녀를 키우거나, 입양하거나, 헌신적인 이모와 삼촌이 되거나, 아이를 싫어한다. 집에서 일하거나, 사무실에서 일하거나, 농장을 돌면서 일하거나, 방문 간호사로 일한다. 젠더 아파르트헤이트가 표준인 사회나, 모두가 뒤섞이는 사회나, 젠더를 이분법적이고 대립적인 것으로 보는 개념 자체를 재고하는 사회에서 살아간다.

우리의 생물학에는 주어진 조건들이 있고, 우리의 과거에는 특히 흔했던 패턴들이 있다. 하지만 우리가 꼭 과거의 우리와 같지는 않고, 과거의 우리도 '꿰맞춘 가설'들이 들려주는 우리와 같지 않다. 현재는 그런 이야기들이 들려주는 과거와 전혀 다르고, 과거도 사실은 그런 과거와는 달랐다. 우리는 여자가 수동적이고 의존적인 태도로 집에 머물면서 남자를 기다리는 이야기는 그만 말해야 한다. 여자는 하는 일 없이 기다리지 않았다. 여자는 바빴다. 지금도 바쁘다.

〔2015〕

THE MOTHER OF
ALL QUESTIONS

비둘기들이
다 날아가버린
비둘기집

무엇에 대해서든 말하는 것은 사실 불가능한 일이라고, 나는 가끔 느낀다. 단어란 사실 중요한 방식으로 다른 것들을 하나로 뭉치는 일반 범주다. 파랑은 천가지 색을 뜻하고, 말은 순혈종과 조랑말과 장난감을 뜻하고, 사랑은 모든 것을 뜻하면서 아무것도 뜻하지 않는다. 언어란 연속된 일반화를 통해 불완전한 그림들을 스케치해나감으로써 무엇이 되었든 뜻을 조금이라도 전달하는 것이다. 언어를 사용한다는 것은 범주의 영역으로 들어가는 것이고, 범주는 필수적인 만큼 위험하다.

범주들은 샌다. 나는 모든 범주들은 샌다고 쓰려고 했지만, 세상에는 가령 소수素數나 별에 관한 어떤 진술처럼 예외 없이 사실이라고 말할 수 있는 것들이 있다. 모든 사향쥐는 포유류고, 현재까지 모든 미국 대통령은 남자였다. 하지만 아주 많은 다른 범주들은 그보다 더 복잡하여, 진실을 담고 있되 그 진실에 대한 모순과 예외도 담고 있다. 요즘은 **남자**라는 범주마저 의문시된다. 현재까지 총 45명인 미국 대통령들을 이야기할 때는 보통 그렇지 않지만 말이다.

얼마 전 누군가 내게 모든 유대인은 이스라엘을 지지한다고 말했다. 내가 반대하자 그는 나더러 최근 뉴욕에 가봤느냐고 물었는데, 그 질문이 자신의 주장을 뒷받침하는 결정타라고 확신하는 말투였다. 나는 가봤다고, 얼마 전에 마침 그 도시에 관한 책을 쓴 참이라고 말했다. 책에 실린 지도들 중에는 유대인에 관한 지도도 있다. 아니, 그보다는 유대인이라는 범주에는 무척 다양한 사람들이 포함되어 있어 서로 상쇄하는 것처럼 보일 지경이라는 사실, 그 속에는 시오니스트와 반시오니스트, 폭력배와 박애주의자, 하포 막스Harpo Marx와 샌디 코팩스Sandy Koufax와 한나 아렌트와 버니 메이도프Bernie Madoff와 엘리나 케이건Elena Kagan까지 들어 있다는 사실을 보여주는 지도라고 해야 할 것이다. 독자가 혹 그 속에 든 모순들을 놓치기라도 할까봐, 나는 지도에 "엠마 골드만에서 골드만 삭스까지"라는 부제도 달아두었다. 그런데도 내 대화 상대는 유대인이란 흡사 지각 있는 할바(유대인 전통 디저트의 일종―옮긴이)나 점균류처럼 단일한 마음을 가진 균일한 덩어리라고 생각했다.

차별discrimination이라는 단어에는 서로 모순된 두가지 뜻이 있다. 인식을 말할 때는 이 단어가 무언가를 똑똑히 구별하는 것, 세부를 인식하는 것을 뜻한다. 반면 사회정치적 맥락에서는 무언가를 똑똑히 구별하기를 거부하는 것, 범주를 넘어 특수와 개체를 보는 데 실패하는 것을 뜻한다. 인종주의는 무차별이 일으키는 차별, 적어도 범주성이 일으키는 차별이다. 물론, 이 말 역시 그 반대의 내용까지 담고 있는 범주적 발언이다. 범주는 반인종주의에도 유용하고 요긴하기 때문이다. 다음 발언들이 그 예다. 서브프라임 모기지 판매자들이 유색인종 고객을 집중적으로 노린 탓에, 2008년 경제 폭락 때 유색인종은 훨씬 더 많은 비율의 순자산을 잃었다. 그리고 최근 조사들에 따르면, 학교는 흑인 학생을 더 가혹하게 처벌할 때가 많다고 한다. 하지만 이런 범주들은 집단의 조건을 묘사한 것이지, 집단의 정수를 묘사한 건 아니다.

집단이란 물 샐 틈 없는 범주이므로 그 속의 모든 구성원이 하나의 사고방식, 신념, 나아가 책임을 공유한다는 생각은 차별의 핵심적 요인이다. 이런 생각은 집단 처벌로 이어진다. 이 여자가 나를 배신했으면 저 여자를 비난해도 된다는 생각, 집 없는 사람들 중 일부가 범죄를 저질렀으면 모든 집 없는 사람들을 처벌하거나 쫓아내도 되고 그래야만 한다는 생각이다. 미국 연방대법원은 언젠가 이렇게 언명했다. "혈통에만 근거하여 시민들을 구별하는 것은 평

등의 원칙에 따라 세워진 제도에서 살아가는 자유인에게
는 본질적으로 혐오스러운 일로 느껴진다. 그렇기 때문에,
인종에만 기반한 법적 분류나 차별은 종종 평등보호를 거
부하는 행위로 간주되었다." 이는 제2차 세계대전 중 자신
을 포함하여 자신과 같은 처지의 서해안 지역 일본계 미국
인들을 투옥하려는 국가의 조치에 항의했던 프레드 코레
마츠Fred Korematsu 사건에서 나온 말이었는데, 법정은 저 듣
기 좋은 말을 해놓고도 결국에는 그 조치를 합헌으로 판시
했다. 이후 차별은 갈수록 불법적인 것이 되었지만, 정신
의 습관을 법으로 규제할 순 없는 법이다.

　반인종주의 서사들도 무차별적일 수 있다. 요즘 어떤 사
람들은 1920년 비준된 미국수정헌법 제19조로 모든 여성
에게 투표권이 주어졌다는 통념은 사실이 아니라고 말하
길 좋아하는데, 왜냐하면 남부 흑인 여성의 (전부는 아니
지만) 다수가 — 그리고 남성도 — 1960년대까지 그 권리
를 부정당했기 때문이라는 것이다. 이 말을 가끔 흑인 여
성은 1960년대가 되어서야 투표권을 얻었다는 말로 표현
하기도 하지만, 북부 일부 지역에서는 제19조 이전에도 여
성이 투표권을 가졌다. 일례로 1913년 시카고에서는 흑인
여성들이 투표에 참여했고, 와이오밍주는 1869년에 여성
에게 투표권을 주었다(이보다 더 희한한 변칙 사례는 뉴저
지주에서는 1807년까지 재산을 가진 여성은, 그러니까 대

개의 경우 백인 여성은 투표할 수 있었다는 것이다).

엄밀히 따지자면, 제19조는 미국 시민인 모든 성인 여성에게 투표할 권리를 주었다. 더 엄밀하게 말하자면, 누구도 "성별 때문에" 그 권리를 부정당해서는 안 된다고 규정했다. 그러니 우리가 굳이 더 정확하게 말하려면 일부 장소에서는 그 권리가 부정되었다고 말하는 편이 낫다. 그리고 1924년 인디언 시민권 법이 제정되기 전에는 아메리카 원주민 중 부족 정체성을 유지하는 사람들에게는 투표권이 없었다는 점도 지적해야 할 것이다. 그러나 과연 이런 예외들이 법칙을 망가뜨릴 만큼 중대한가? 범주의 이런 누수가 우리가 반드시 인식해야 할 만큼 중요한가? 우리는 1920년에 누가 투표했는지를 얼마나 세밀하게 분석해야 할까? 얼마나 굵은 체로 정확성을 걸러야 할까?

고생물학자들과 진화생물학자들은 이따금 병합파와 세분파로 나뉜다. 증거를 해석할 때 변이가 큰 한종으로 보는 편이냐 서로 다른 여러 종으로 보는 편이냐에 따라 나뉘는 범주다. 고생물학자들은 희박한 증거를 갖고 일한다. 가끔은 뒤에 발견된 증거가 이전 증거를 반박하기도 하고 강화하기도 한다. 아무리 세심하게 조사해도 해결할 수 없는 의문이나 상반된 해석들이 남을 수 있다. 그러나 우리가 서로에 대해서 내리는 판단은 오히려 증거를 외면한 결과일 때가 많다. 범주는 우리 가운데 일부에게는 봉쇄 체

214

계로 작동한다. 우리 존재와 행동이 폄하되는 방식으로 수시로 뭉뚱그려지는 것이다. 모든 유대인은 이스라엘을 지지한다, 모든 무슬림은 지하드 전사다, 모든 레즈비언은 남자를 혐오한다, 하는 식으로. 세상을 깔끔한 덩어리로 뭉뚱그리면 생각을 그만둬도 된다.

무차별적 차별은 집단 처벌 개념으로도 이어진다. 남들을 하나의 유기체로 인식한다면 ─ 무슬림, 유대인, 흑인, 여성, 게이, 노숙자, 게으른 빈민으로 ─ 그 유기체의 어느 부분이든 공격해도 좋은 것이다. 2015년 사우스캐롤라이나주 찰스턴의 교회에서 살인을 저지른 딜런 스톰 루프 Dylann Storm Roof가 했던 말이 바로 그 의미였다. 그는 아홉 명의 남녀에게 총을 쏘고는 흑인들이 "우리 여자들"을 강간하기 때문이라고 이유를 설명했다. 백인 남자들이 ─ 특히 그 순간에는 그 자신이 ─ 흑인 여자들과 남자들을 살해하는 상황으로는 규정하지 않았다.

여자는 누구든 걸어다니는 여성 대표처럼 취급되기 쉬운 데 비해 ─ 우리 여자들은 정말로 모두 감정적이고, 앙큼하고, 수학을 싫어하나? ─ 남자들은 비교적 그런 판단에서 자유롭다. 백인을 일반화하는 말은 많이 들리지 않고, 루프나 찰스 맨슨Charles Manson은 제 인종이나 젠더의 수치로 여겨지지 않는다. 범주를 넘어섰거나 벗어난 존재로 여겨지는 것은 일종의 특권일 수 있다. 그것은 표본이 아니라 개체의 지위를 갖는 것이다. 자신을 스스로 정의하도록 허락되고 그럴 여지가 주어지는 것이다. 그리고 패턴 읽기를 거부하는 것은, 총기 난사 사건이 며칠에 한번꼴로 벌어지는데도 개개의 총기 난사 사건이 충격적인 비정상으로만 여겨지는 우리 사회에서 그에 관한 담론의, 혹은 담론 결핍의 중요한 한 요소이다.

차별에서 자유롭다는 것은 개인의 장점으로만 평가받는 개인이 되도록 허락받는 것이다. 그런데 이 일종의 자유 때문에 중요한 데이터가 틈새로 빠져 누락될 수도 있다. 예를 들어, 요즘의 총기 난사 사건들에 대해서 불과 최근까지만 해도 거의 이야기되지 않았던 한 사실은 그런 사건을 거의 전부 남자가 저지른다는 것, 그런 남자들 중 대부분은 백인이라는 것이다. 대신 그런 사건들은 불가사의하고 끔찍하게 놀라운 사건으로, 혹은 정신질환이나 그밖에 각각의 사건을 눈송이처럼 저마다 독특하게 만들어주는 다른 구체성들로 설명된다.

예외는 있다. 이슬람 국가 출신의 사람이 저질렀을 때다. 그때는 사람들이 총격을 테러로 부르고, 정치적 움직임과 결탁한 정치적 발언으로 간주한다. 하지만 미국 태생의 오마르 마틴Omar Mateen에 대해서는, 2016년 6월 그가 올랜도의 동성애자 나이트클럽에서 쉰명이 넘는 사람을 죽였던 사건에 대해서는, 그저 어떤 열망이나 자신의 비참한 인생을 구실로 삼아 벌어진 일이라고만 말했다. 폭력을 이상화하고 타인과 접촉할 줄 모르는 그의 성격은 미국이 배출하는 다른 대부분의 대량 살인자들과 닮았다.

대량 살인 중 제일 흔한 한 갈래에 대해 우리는 대화를 하는 건 고사하고 단어조차 갖고 있지 않다. 가족살해familicide라고 불러야 할 그 현상은, 격분한 남자가 분노의 주 초점인 여자뿐 아니라 아이들과 다른 가족들, 때로는 여자의 동료나 곁에 있던 무관한 사람까지 죽이고 가끔 자신도 자살하는 경우다. 범주가 없다는 건 이 흔한 현상을 묘사할 말이 없다는 것, 따라서 그 특성과 공통점을 인식할 말이 없다는 것이다. 범주가 가두는 것이라면, 이 현상은 가둘 때가 지나도 한참 지났다.

만일 아메리카 원주민이나 레즈비언의 총기 난사 사건이 전염병처럼 만연한다면, 사람들은 금세 총격자들의 특수한 속성을 인식할 테고, 신경질적인 농담들을 던질 테고, 범주 전체를 가두거나 막는 게 어떨까 하는 의견을 쉽게 제기할 것이다. "구하기 쉬운 총기의 힘을 빌려서 문제 있는 사람들이 자신의 불만을 남들 앞에서 드러내는 것은 미국인의 삶과 죽음에서 갈수록 끔찍한 현실이 되고 있다." 『뉴욕 타임스』는 대량 살인이 또 한번 벌어진 뒤 사설에서 저렇게 말하면서, 누가 그런 짓을 저지르는가 하는 문제에 대해서는 미국 시민권자라는 것 이상으로 폭을 더 좁힐 수 없다는 듯 굴었다. 나는 그 폭이 더 좁혀지기를 바란다. 하지만 비난하기 위해서가 아니라, 그로부터 뭐가 되었든 치료법이 뒤따를 수 있는 진단으로서 이루어지기를 바란다. 여자가 남자보다 대량 학살의 욕망에 훨씬 덜 시달리고 전반적으로도 훨씬 덜 폭력적이라는 사실을 인정한다면(물론 몇몇 놀라운 예외는 있다), 우리는 극단적인 폭력의 원인들을 좀더 정밀하게 알아낼 수 있을지 모른다. 최소한 누가 무서운가는 말할 수 있을 것이다.

대조적으로, 흑인이 무엇이든 범죄를 저지르기만 하면 어떤 사람들은 그 사건을 핑계 삼아 흑인이라는 범주 전체를 비난한다. "흑인의 생명은 소중하다"Black Lives Matter라는 모토로 운동이 일어났을 때, 창피하게도 어떤 백인들은 아무 흑인이나 붙잡고 퍼거슨이나 볼티모어의 무질서한 봉기를 설명해보라고, 혹은 그 사건들에 대해서 사과하라고, 혹은 그와 비슷한 다른 사건들에 대해서 사과하라고 요구했다. 자신이 마주치는 흑인은 누구든 모든 흑인에 대한 책임을 져야 한다는 것처럼. 범주를 아무런 검증 없이 믿지 않고서는 인종주의자가 될 수 없다.

범주를 보지 않는 것은 통찰의 한 형태일 수도 있다. 내가 아주 어렸을 때 처음 듣고 지금까지 간간이 떠올리는 이야기가 있다. 도가의 어느 사상가가 했다는 이야기다

(『열자(列子)』에 나오는 이야기다 — 옮긴이). 진秦나라의 목공穆公이 어느 현자에게 명마를 구해오라고 시켰다. 남자는 누런 암말을 찾았다면서 말을 데려왔는데, 보니까 그 말은 약속대로 명마였지만 검은 수말이었다. 남자의 친구는 목공에게 이렇게 말했다. "그는 내적인 자질에 몰두하다가 그만 외적인 것을 못 본 것입니다. (…) 봐야 할 것을 보고 보지 않아도 되는 것은 소홀히 한 것입니다." 현자는 표면을 보지 않음으로써 깊이를 보았다. 어느 해 성 패트릭의 날, 아일랜드계 미국인인 내 어머니가 알츠하이머병에 걸려 눈으로 본 것을 뇌로 제대로 처리하지 못하는 상태였을 때, 어머니는 한 흑인 남자에게 당신도 아일랜드 사람이냐고 물었다. 남자는 놀랍게도 기뻐했다. 그는 실제 아일랜드계였는데, 사람들은 피부가 검은 사람에게는 유럽 혈통이냐고 물을 생각을 거의 못 하기 때문이다.

이것은 피부색이 우리의 지위, 경험, 기회, 경찰의 총에 맞을 가능성에 영향을 미치는 사회에서 우리가 색맹인 척하고 살 수 있다는 말이 아니다. 내가 주장하려는 것은, 우리는 범주를 사용하거나 사용하지 않는 기술을 익힐 수 있다는 것이다. 능란함과 융통성과 상상력을 발휘할 수 있다는 것, 적어도 자신이 세상과 세상에 대한 경험을 상상하고 묘사하는 방식을 스스로 또렷이 자각할 수 있다는 가능성을 주장하려는 것이다. 어느 선사가 말했듯, 너무 팽팽

하지도 너무 느슨하지도 않게(『잡아함경(雜阿含經)』에 나오는 일화로 부처가 제자에게 거문고 줄을 적당히 조여야 아름다운 소리가 나듯이 매사가 적당해야 한다고 말했다는 이야기를 언급한 것이다 — 옮긴이). 범주는 말하기에 꼭 필요하다. 특히 일반적 경향성을 논하는 정치적·사회적 말하기에 꼭 필요하다. 범주는 언어의 토대이고, 만일 언어가 범주들이라면 — 비, 꿈, 감옥 — 말하기란 단어들의 오케스트라를 지휘하여 무언가 정확하고 심지어 아름다운 것을 만들어내는 법을 배우는 것이다. 적어도 자신의 세상을 잘 묘사하고 남들의 세상을 공정하게 묘사해주는 법을 배우는 것이다.

예외를 인식하는 것은 이 기술의 일부다. 내가 아는 한 의사는 수련 시절에 들었던 유용한 아포리즘을 즐겨 말한다. 대충 이런 이야기다. "발굽 자국을 보면 말을 떠올리기 마련이지만, 가끔은 그것이 얼룩말이다." 흔한 증상은 보통 흔한 질병을 뜻하지만, 가끔은 그게 전혀 다른 질병의 증상일 때도 있다는 뜻이다. 범주는 가정들의 집합이다. 이 아포리즘은 우리가 품은 가정들이 가끔은 틀리다는 사실을, 특수한 것이 늘 일반적인 것에 들어맞지는 않는다는 사실을 일깨운다. 그러나 그것이 가끔 얼룩말이라고 해서 보통은 말이라는 패턴이 훼손되는 것은 또 아니다.

우리 시대의 가장 격렬한 논쟁 중 일부는, 대립하는 진영들이 어떤 범주를 놓고서 거기 속하는 모든 것은 그 현상에 대한 자신의 해석에만 들어맞는다고 우기는 탓에 벌어진다. 최근 성매매 논쟁에서, 가장 독단적인 한 입장은 성노동자가 — 모든 성노동자가 — 자유로운 행위자이므로 우리가 그들이 선택한 생활 방식과 노동을 존중하고 내버려둬야 한다고 주장한다. 나는 백인 중산층 성노동자를 몇명 만난 적 있다. 그들은 자신이 누구와 무슨 행위를 할지를 스스로 통제할 수 있었고, 그 일이 자신이 원하는 게 아니게 될 때는 얼마든지 그만둘 선택지도 갖고 있었다.

이처럼 주체성을 지닌 성노동자라는 경험은 물론 존재한다. 하지만 성적 인신매매, 그리고 아이나 이민자나 그 밖에 사회적으로나 경제적으로 취약한 범주들에게 성매매를 강요하는 일도 엄연히 존재한다. 성매매는 노예의 범주 혹은 자유인의 범주 둘 중 하나에 속하는 것이 아니다. 둘 다다. 그리고 둘 사이에는 틀림없이 모호한 영역이 있다. 이처럼 내적 모순이 가득한 범주에 대해서 우리는 어떻게 규제를 제안하는 건 고사하고 제대로 말하기라도 할 수 있을까? 다른 많은 일이 그런 것처럼, 이것은 어쩌면 언어 문제다. 우리에게는 돈을 벌기 위해 섹스하는 사람들의 다양한 범주들을 지칭할 다양한 용어들이 필요하다.

2014년 여자들이 성폭력에 대해 말하고 싶어했을 때, 여자들은 종종 모든 남자가 다 강간범은 아니라는 사실에 초점을 맞추고 싶어하는 남자들을 접해야 했다. 남자들 중 그 일부 부분집합은 심지어 #notallmen(모든 남자가 그렇진 않다)이라는 해시태그도 만들었다. 마치 이야기의 중심 주제는 이 땅에 창궐한 재앙이 아니라 그들, 그리고 그들의 안락과 평판이어야 한다는 것처럼. 이것은 언어와 논리의 문제다. 물론 남자들 중 아주, 아주 적은 수만이 강간범이다. 우리는 그 사실은 누구나 안다고 가정했다. 하지만 한편으로 거의 모든 강간범은 남자이므로, 남자들이 강간한다고 집어 말할 수 있는 건 유용한 표현이다(남자들과 소년들도 강간당하지만, 여자들과 소녀들보다는 수가 훨씬 적다).

강간의 역사를 다룬 케이트 하딩Kate Harding의 훌륭한 책 『자업자득』Asking for It에 따르면, 강간범의 98퍼센트는 남자다. 물론 예외는 있다. 한번은 어느 아이비리그 대학에서 한 남학생이 내게 왜 강간을 논할 때 자꾸만 젠더를 끄집어내느냐고 물었다. 같은 자리에서 다른 학생은 젠더에 대한 내 생각이 "너무 이분법적"이라고 지적했다. 내가 젠더를 이분법으로 말하는 것은 사람들이 종종 그 토대에서 행동하기 때문이다. 강간은, 여러 의미가 있지만, 권리가 있는 사람과 없는 사람의 범주를 공고히 하려는 의식이자 종종 한쪽 젠더에게 가해지는 적대 행위다. 남학생 사교 모임의 강간범들은 젠더를 넘어서서 생각하는 데는 흥미가 없는 듯하다. 정말로 그렇게 해본다면 강간문화 해결에 큰 도움이 될 텐데. 성기와 젠더 역할이라는 공유되지 않는 범주들보다 더 상위에 있는 범주, 인간성이라는 공유된 범주를 볼 수 있을 텐데.

주요한 두 젠더를 서로 반대되거나 대립하는 것으로 여기는 시각은 두 범주와 그들이 상대편을 정의하는 방식을 더욱더 엄격하게 옥죈다. 젠더를 거짓 이분법으로 보는 시각은 유용하다. 하지만 젠더는 긴 세월 동안 누가 누구에게 무슨 짓을 해왔고 하고 있는지를 말할 때 결코 버릴 수 없는 유용한 개념이기도 하다. 일례로 만일 우리가 현재까지 미국의 모든 대통령은 남자였다고 말할 수 없다면, 이 상황을 어느 시점에든 바로잡아야 한다는 제안도 할 수 없을 것이다. 남성과 여성, 남자와 여자는 오랫동안 사람들이 그들의 사회적 사고의 많은 부분을 형성한 방식이었다. 구약성서는 하느님이 "남자와 여자로 그들을 창조하셨다"라고 말한다. 혹 여러분이 최근 보수 기독교가 결혼에 대해 뭐라고 말하는지 못 들어봤을까봐 알려드리면, 남자와 여자의 역할에 대한 성서의 확고부동한 생각은 지금도 우리 곁에 있다.

우리는 말해야 하고, 말하려면 흑인과 백인, 남성과 여성 같은 범주들을 사용해야 한다. 한편 우리는 이런 범주들의 한계를, 범주들은 샌다는 사실을, 남성과 여성이 흑인과 백인을 수식하기도 하고 거꾸로 수식하기도 한다는 사실을 이해해야 한다. 범주의 예외는 중요하다. 변칙적 해부 구조를 갖고 태어난 사람이라는 예외도 중요하고, 자신의 몸 및 그 몸에 따라 부여된 정체성과 변칙적 관계를 맺고 있는 사람이라는 예외도 중요하다. 북미간성협회에 따르면, "의료센터 전문가들에게 아이가 눈에 띄게 비전형적인 생식기를 갖고 태어나서 성 감별 전문가를 호출해야 하는 경우가 얼마나 되느냐고 물으면, 그들은 신생아 1,500명 중 1명에서 2,000명 중 1명 사이라고 답한다. 하지만 실제로는 그보다 훨씬 더 많은 인구가 그보다 더 미세한 성적 해부 구조 변이를 갖고 태어나며, 그런 변이 중 일부는 더 자란 뒤에야 드러나기도 한다." 협회는 그 수가 100명 중 1명꼴이라고 추정한다. 그것은 곧 미국에서만 수백만명이 심지어 생물학적으로도 우리가 나눈 범주들에 꼭 들어맞지 않는다는 뜻이다.

북미간성협회 웹사이트에 이 글을 쓴 사람들은 간성 intersex을 하나의 범주로서가 아니라 무릇 범주란 새는 법이며 어떤 사람들은 그런 범주에 담기지 않는다는 사실을 인식하게 만드는 용어로서 쓰자고 주장한다.

'간성'은 여성 혹은 남성의 정형적 정의에 들어맞지 않는 듯한 생식기나 성기를 갖고 태어난 사람들의 다양한 상태를 포괄적으로 지칭하는 용어다. 가령 어떤 사람은 겉으로 보기에는 여성인 것 같지만 몸속에는 대체로 남성 정형적인 해부 구조를 갖고 태어난다. 어떤 사람은 보통의 남성 성기와 여성 성기의 중간에 해당하는 것처럼 보이는 성기를 갖고 태어난다. 이를테면 여자아이의 클리토리스가 눈에 띄게 크거나, 질구가 없거나, 남자아이의 음경이 눈에 띄게 작거나, 고환이 갈라져서 고환이라기보다 음순처럼 보이는 경우다. 혹은 모자이크 유전 현상을 갖고 태어나서, 세포의 일부는 XX 염색체를 갖고 있는데 다른 일부는 XY 염색체를 갖고 있을 수도 있다.

현대 어법에서, 성은 생물학적인 것을 뜻하고 젠더는 사회적으로 구성된 것을 뜻한다. 성은 우리 바지와 유전자 속에 있고, 젠더는 우리 마음속에 있다. 만일 사람들이 자신에게 부여된 젠더에 딸린 행동과 복장 따위에 지금보다 덜 구애된다면, 저 구도도 아마 바뀔 것이다. 요즘 젊은이들은 지난 수십년간 동성애자들과 페미니스트들이 도맡아온 기성 체제 해체 노력에서 한걸음 더 나아가고 있다. 자신을 어떻게 정체화하는가 하는 점에서도 그렇고, 누구를 욕망하는가 하는 점에서도 그렇다. (최근 한 조사에서 18~24세 응답자 중 46퍼센트는 자신을 전적인 이성애자로 정체화했고, 6퍼센트는 전적인 동성애자로, 나머지 절반 가까이는 양극단 사이 어디쯤으로 정체화했다.) 어떤 사람들은 아예 젠더로 규정되기를 거부한다.

내가 사는 샌프란시스코는 (알려진 한) 세계 최초로 남자가 아기를 낳은 곳이다. 아이를 몸속에 품는 것은 보통 여자의 일로 생각되지만, 우리 동네에서는 한 트랜스젠더 남자가 제 자궁에 아이를 품었다. 훨씬 더 유명한 사례인 2008년 토머스 비티Thomas Beatie보다 앞선 시점이었다. 비티의 경우, 그가 세 아이를 품고 출산한 것은 그의 아내는 불임이었지만 그는 아니었기 때문이란 게 멋진 점이었다. 범주들은 샌다. 그리고 어떤 범주들은 변한다. 나는 내가 "남자의 자궁"이라는 말을 쓰게 되리라고는 이전에는 꿈에도 생각지 못했다. 늘 그런 건 아니지만, 범주들이 샌다는 것은 가끔 축하할 일이다.

THE MOTHER OF ALL QUESTIONS

여자가

읽지 말아야 할

책 80권

몇년 전 『에스콰이어』는 추천 도서 목록을 하나 작성했다. 그 목록은 죽어서도 깨어나고 또 깨어나는 좀비처럼 인터넷을 떠돌고 있다. '남자가 읽어야 할 최고의 책 80권'은 『에스콰이어』가 남자들을 위한 잡지라는 사실을 일깨운다. 또한 오늘날 젠더의 이분법을 거부하는 많은 젊은이들은 그보다 더 탄탄한 위치를 가진 세대, 인간성의 영토에 마치 철의 장막처럼 젠더를 구축하는 기성세대에게 반기를 드는 것이라는 사실을 일깨운다.

물론 『코스모폴리탄』 같은 여성 잡지들도 이 못지않게 심란한 지침을, 즉 여자가 되는 법을 알려준다는 지침을 수십년 동안 제공해왔다. 어쩌면 두 주요한 젠더가 되는 법을 가르치는 지침들이 이토록 오래 다달이 발행되었다는 사실 자체가 젠더가 얼마나 연약한 것인지를 시사하는지도 모른다. 남자와 여자는 다른 책을 읽어야 하나? 이 목록을 보면 남자는 여자가 쓴 책조차 읽어서는 안 된다. 예외는 딱 하나, 남자 작가들의 책 79권 틈에 낀 플래너리 오코너의 책뿐이다.

작성자는 오코너의 『좋은 사람은 찾기 힘들다』 속 한구절을 인용해서 그 책을 소개했다. "그녀는 좋은 여자가 되었을 것이다. (…) 일분마다 한번씩 평생 그녀를 총으로 쏴주는 사람이 곁에 있었더라면." 그녀를 총으로 쏘라니. 이 추천사는 목록 중 존 스타인벡의 『분노의 포도』에 달린 추천사와 잘 어울린다. "온통 찌찌 이야기니까." 한마디로, 책은 지침이다. 사람들은 남자가 되는 법을 알려고 책을 읽는다. 그래서 남자들에게는 남자들만의 목록이 필요한 것이다. 그런데 남자란 뭘까? 잭 런던의 『야성의 부름』에 대한 추천사는 이렇다. "개에 대한 책은 남자에 대한 책이다." 그렇다면 암캐는 아마 미친 남자겠지.

역사상 최고로 남자다운 책이 가득하고, 전쟁에 대한 책이 많고, 공개적으로 게이임을 밝혔던 남자가 쓴 책은 딱 한권뿐인 목록을 훑으면서, 나는 새삼 비록 여자가 되는 것이 어렵기는 해도 남자가 되는 건, 남자다운 행동으로 쉼 없이 보호하고 증명해야 한다는 그 젠더가 되는 건 많은 면에서 더 어렵겠다는 걸 느꼈다. 불쑥 이런 생각도 들었다. 이러니까 세상에 대량 살인이 이렇게 많이 벌어지지. 대량 살인은 이런 방식으로 규정된 남성성을 가장 극단적으로 표현한 행동이다. 다행히 많은 남자는 좀더 우아하게, 남들에게 감정이입을 하며 세상을 살아가지만 말이다.

목록을 보다보니, 똑같은 책들도 좀 포함하여 '여자가 읽지 말아야 할 책 80권' 목록을 작성해야겠다는 생각이 들었다. 물론 나는 누구나 자기가 원하는 책을 뭐든 읽을 수 있어야 한다고 생각한다. 다만 내가 볼 때 어떤 책들은 독자에게 여자란 쓰레기라고, 혹은 액세서리로 존재할 뿐 그밖에는 없다시피 한 존재라고, 혹은 천성적으로 못되고 어리석은 존재라고 가르치는 지침이다. 또는 남성성이란 무뚝뚝하고 무심한 것이라는 생각, 가정에서든 전쟁터에서든 경제적 수단을 통해서든 쉽게 폭력으로 확장되는 가치들의 집합을 뜻한다는 생각을 가르치는 지침이다. 그렇다고 내가 남성혐오자는 아니라는 걸 증명하고 싶으니까, 내 목록의 첫 책은 에인 랜드의 『아틀라스』로 하겠다. 하원의원 폴 라이언Paul Ryan이 좋아서 죽고 못 사는 책이라면 그가 요즘 세상에 퍼뜨리고 싶어서 죽고 못 사는 비참함에 일말의 책임이 있을 테니까.

여자를 사람으로 보지 않는 지침으로 말하자면, 나는 『길 위에서』를 처음 읽었을 때 (단 이 책은 『에스콰이어』 목록에 없고 잭 케루악의 책으로는 대신 『다르마 행려』가 포함되었다) 이 책은 독자가 주인공과 동일시하기를 기대한다는 걸 깨달았다. 스스로 예민하고 깊이 있는 사람이라고 철석같이 믿는 주제에 농장에서 관계 맺은 젊은 라틴계 노동자 여성을 자기가 빚어낸 곤란한 상황 속에 헌신짝처럼 내팽개치고 떠나는 놈 말이다. 책은 독자가 자신을 그 여자와, 즉 길 위에 있지 않고 언제든 처분해도 좋은 창고처럼 취급될 뿐인 여자와 동일시할 거라고는 가정하지 않는다.

나는 그녀와 동일시했고, 롤리타와도 동일시했다(그리고 감정이입을 할 줄 모르는 험버트 험버트의 이야기인 걸작 『롤리타』는 수줍은 소개와 함께 『에스콰이어』 목록에도 올라 있다). 나는 케루악을 결국 용서했다. 책 속에서 여자를 외설적으로 대상화해서 그렸던 짐 해리슨Jim Harrison도 용서했다. 왜냐하면 두 사람에게는 그 점을 벌충하는 장점들이 있기 때문이다. 그리고 해리슨의 외설성에는 찰스 부코스키나 헨리 밀러의 외설성과는 달리 뭔가 건전한 중서부스러움이 있다.

당연히 세 작가 모두 『에스콰이어』 목록에 있다. 온라인 잡지 『n+1』의 편집자 데이나 토르토리치Dayna Tortorici는 이런 말을 한 적이 있다. "부코스키의 『우체국』을 읽다가 화자가 못생긴 여자들의 다리가 얼마나 굵은지 묘사하는 대목에서 내 기분이 얼마나 더러웠는지 평생 못 잊을 것이다. 그것은 내가 동일시하려고 애쓰는 책이 나를 거부한다고 느낀 최초의 경험이었다. 나는 결국 충격을 받아들였지만, 그 경험 때문에 자연히 내 몸이나 그밖의 것들을 미워하게 되었다." 몇년 전 작가 에밀리 굴드Emily Gould는 솔 벨로, 필립 로스, 존 업다이크, 노먼 메일러를 "20세기 중반 여성혐오자들"이라고 명명했는데, 『에스콰이어』 목록에 올랐고 내 목록에도 오를 네 남자 작가를 지칭하기에 딱 알맞고 편리한 별명이 아닐 수 없다.

어니스트 헤밍웨이도 내 독서 금지 영역에 포함된다. 모름지기 거트루드 스타인에게 많은 것을 배운 사람이라면 동성애혐오자, 반유대주의자, 여성혐오자가 되어선 안 되고, 총으로 큰 동물을 죽이는 짓을 남성성의 동의어로 여겨서도 안 되는 법이다. 총-남성 성기-죽음 어쩌고저쩌고하는 짓은 꼴사나울뿐더러 서글프다. 게다가 간결하고 억제된 스타일의 문체는 헤밍웨이의 손에서는 딱딱하고 가식적이고 감상적인 문체가 된다. 남성적 감상주의는 최악의 감상주의인데, 왜냐하면 그것은 어떤 면에서 자신에 대한 망상에 빠져 있기 때문이다. 예를 들어 진솔하게 감정적이었던 찰스 디킨스는 절대 그렇지 않았다.

그리고 헤밍웨이가 F. 스콧 피츠제럴드의 성기 크기에 대해서 했던 쓰레기 같은 소리는 딱할 뿐 아니라 그의 내면을 너무 투명하게 보여준다. 피츠제럴드가 헤밍웨이보다 훨씬 성공한 작가였던 시절이었으니까 말이다. 지금도 피츠제럴드가 헤밍웨이보다 훨씬 낫다. 레고 블럭 같은 헤밍웨이의 문장에 비해 피츠제럴드의 문장은 실크처럼 나긋하며, 피츠제럴드는 남성 인물뿐 아니라 데이지 뷰캐넌이나 니콜 드라이버 같은 여성 인물에게도 자유자재로 감정이입할 줄 안다(『밤은 부드러워』는, 여러 해석이 가능하겠지만, 근친상간과 아동학대가 미치는 장기적 영향을 탐구한 작품으로도 읽을 수 있다).

노먼 메일러와 윌리엄 버로스는 내 독서 금지 목록에서 상위에 오를 것이다. 아내를 칼로 찌르거나 총으로 쏘지 않은 작가들 중에서도 읽을 작가는 너무 많으니까(그리고 모든 사람이 읽어야 할 작가인 뤼끄 쌍뜨Luc Sante가 버로스의 끔찍한 젠더 정치학에 대해 이미 30년 전에 충격적으로 훌륭한 글을 써두었고 내가 그 글에서 크게 감화받았으니까). 크기가 다라고 믿는 것 같은 남자들의 그 많은 소설들, 여자가 썼다면 과체중이니 다이어트나 하라는 소리를 들었을 것 같은 900쪽짜리 괴물들이라니, 원. 그리고 여성에 대한 폭력 범죄, 특히 블랙 달리아 살인 사건을 다룬 그 많은 음란한 소설들이라니, 원. 그런 소설들은 남자들이 다른 남자들을 위해 여성에 대한 폭력을 성애화한다는 것, 그 때문에 여자들도 혐오를 내재화하게 된다는 것을 상기시키는 끔찍한 증거다. 최근 『런던 리뷰 오브 북스』에서 재클린 로즈Jacqueline Rose가 지적했듯이, "가부장제는 여성이 스스로를 경멸하도록 부추김으로써 번성한다." 나는 또 조너선 프랜즌이라는 작가의 존재를 아는데, 비록 그의 소설을 읽진 않았지만 그가 인터뷰할 때마다 제니퍼 와이너 Jennifer Weiner를 물어뜯고 또 물어뜯는다는 얘기는 들었다 (와이너 역시 미국 작가로, 프랜즌의 작품에 대한 문학계의 반응에 성차별적 요소가 있다고 비판했다가 논쟁에 휘말렸다 — 옮긴이).

『에스콰이어』 목록에는 좋은 작품도 있고 훌륭한 작품도 있다. 내가 사랑해 마지않는『모비 딕』마저도 여자가 한 명도 안 나오는 책은 모든 인간에 대한 책이라고 일컬어지는 데 비해 여자가 부각된 책은 여자들을 위한 책이라고 일컬어진다는 사실을 새삼 떠올리게 만들지만 말이다. 그리고 저 목록을 좇는 독자는 제임스 M. 케인과 필립 로스에게서 여자를 배울 텐데, 그들은 여자를 배우고 싶을 때 찾아가야 할 전문가라고는 절대로 말할 수 없는 남자들이다. 더구나 도리스 레싱, 루이즈 어드리크, 엘레나 페란떼가 쓴 걸작들이 엄연히 존재하는 마당에 말이다. 내가 나만의 영웅들을 꽂아둔 책장을 보면, 거기에는 필립 러빈 Philip Levine, 라이너 마리아 릴케, 버지니아 울프, 스즈끼 슌류우鈴木俊隆, 에이드리언 리치, 빠블로 네루다, 마르꼬스 부사령관, 에두아르도 갈레아노, 제임스 볼드윈이 있다. 이런 책들은, 이 역시 굳이 무슨 지침이라면, 우리에게 자신의 정체성을 인간과 비인간을 모두 포함한 바깥 세상으로 더 넓게 확장하라고 가르치는 지침이다. 우리에게 상상력을 뛰어난 감정이입 행위처럼 활용함으로써 각자의 젠더에 갇히지 말고 자신을 벗어나라고 가르치는 지침이다.

추신

이 글은 릿헙Lithub.com에 처음 실려서 온라인에서 많은 관심을 끌었고, 이에 『에스콰이어』는 다음과 같이 응답했다. "무슨 변명이 있겠습니까? 우리가 실수했습니다. 몇 년 전 실었던 기사 '남자가 읽어야 할 최고의 책 80권'은 저자 선정 면에서도 작품 선정 면에서도 다양성이 부족하다는 비판을 받았고, 그것은 정당한 비판이었습니다. 그래서 우리는 미치코 카쿠타니Michiko Kakutani, 애나 홈스Anna Holmes, 록산 게이 등 문학계의 막강한 여성 여덟명에게 목록을 새로 작성해달라고 부탁했습니다."

THE MOTHER OF ALL QUESTIONS

남자들은
자꾸 내게
『롤리타』를
가르치려 든다

자기만의 의견을 소유한 여자에게 가르침이 필요하다
는 것은 누구나 아는 진리이다. 아니, 사실은 진리가 아니
다. 하지만 제인 오스틴의 유명한 첫 문장을 변주하는 걸
싫어할 사람이 세상에 어디 있겠는가? (오스틴의 『오만과 편
견』 첫 문장은 "상당한 재산을 소유한 독신 남자에게 아내가 필요하다는
것은 누구나 아는 진리이다"이다 — 옮긴이) 답인즉, 싫어하는 사
람도 많다. 왜냐하면 우리는 모두 다른 사람들이니까. 그
리고 심지어 세상에는 『오만과 편견』을 수십번 읽지 않은
사람들도 존재하니까. 하지만 지금 내 말의 요지는 따로
있다. 나는 그동안 흥미로운 경험을 해왔는데, 내가 의견
을 내놓으면 세상 사람들 중 일부가, 특히 남자들이, 내 의
견은 틀렸고 자신들의 의견은 옳다는 생각에 근거하여 내
게 반응하더라는 것이다. 왜냐하면 내 의견은 망상이지만
자신들의 의견은 사실이라고 믿기 때문에. 그들은 가끔 자

신들이 사실뿐 아니라 나도 좌지우지할 수 있다고 생각하는 것 같다.

자신의 의견을 사실로 착각하는 사람이 심지어 스스로를 신으로 착각할 수도 있다는 것은 누구나 아는 진리는 아니다. 그런 문제가 생기는 건 그가 세상에는 자신과 다른 경험을 하는 다른 사람들이 있으며 그들 역시 남에게 양도할 수 없는 권리를 가진 동등한 존재라는 사실, 의식이라는 더없이 흥미롭고 심란한 현상은 남들의 머릿속에서도 돌아가고 있다는 사실을 충분히 접하지 못했기 때문이다. 이 문제는 백인 이성애자 남성이 유달리 많이 겪는데, 왜냐하면 서구 사회가 오랫동안 거울을 들어 그들을 비춰주었고, 버지니아 울프가 지적했던 것처럼 고분고분한 여자들로 하여금 그런 남자를 실물의 두배 크기로 비추는 거울이 되도록 만들었기 때문이다. 나머지 사람들은 자신의 성과 인종을 바꾸면서 이슈메일과 데이비드 코퍼필드, 더티 해리와 홀든 콜필드까지 여러 주인공을 입는 데 익숙하지만, 백인 이성애자 남성은 그렇지 않다. 얼마 전 나는 **무지권**priveloblivousness이라는 단어를 만들어보았다(특권을 뜻하는 'privilege'와 무지 혹은 무심함을 뜻하는 'oblivousness'를 합한 것이다 —옮긴이). 특권 있는 사람, 재현되는 사람이 된다는 것은 곧 의식할 필요가 없는 사람, 실제로 자주 의식하지 않는 사람이 되는 것과 같다는 걸 표현하기 위해서

다. 이것은 이 나름대로 일종의 상실이다.

페미니즘은 여자들이 과거에는 미처 인식하지 못했던 경험에 대해 마침내 말을 꺼내는 것인 경우가 많다면, 반페미니즘은 남자들이 여자들에게 그런 일은 벌어지지 않는다고 말하는 것인 경우가 많다. "넌 강간당한 게 아니야." 당신을 강간한 사람이 당신에게 이렇게 말할 수도 있다. 그래도 당신이 계속 우기면, 다음에는 살해 협박이 올 수도 있다. 사람을 죽이는 것은 자신이 방 안에서 유일한 목소리가 되는 손쉬운 방법이기 때문이다. 이와 비슷하게, 백인이 아닌 사람들은 세상에는 인종차별이 없고 그들은 차별받고 있지 않으며 인종은 아무에게도 별 영향을 미치지 않는다는 헛소리를 듣곤 한다. 그야, 이 문제에 대해서 유색인종을 침묵시키려는 백인들보다 더 잘 아는 사람은 없는 게 당연하잖아? 성소수자들도 비슷한 경험을 한다. 하지만 우리는 이런 이야기는 이미 다 아는 것 아닌가. 아니, 알아야 한다. 관심을 쏟았다면.

바로 그 관심을 쏟는 행위야말로 감정이입, 경청, 관찰, 타인의 경험을 상상하는 것, 자기 경험의 한계에서 벗어나는 것의 토대가 되어주는 행위이다. 독서가 감정이입을 북돋는다는 주장이 요즘 인기인데, 만약 정말로 그렇다면 그것은 독서가 우리로 하여금 다른 사람이 된 느낌을 상상하도록 돕기 때문이다. 혹은 자기자신 속으로 더 깊이 들어가도록, 그래서 마음이 아픈 상태, 몸이 아픈 상태, 여섯살인 상태, 아흔여섯살인 상태, 인생에서 길을 잃은 상태가 어떤 것인지를 좀더 잘 깨닫도록 돕기 때문이다. 자신이 늘 멋지게 그려지고 항상 정당화되고 언제나 옳은 상황에서만, 타인은 그저 자신의 근사함을 뒷받침하는 역할로 존재하는 세상에서만 살아가는 게 아니라 말이다. 세상에는 남자들의 상상력에 영합하는 그런 종류의 책, 만화, 영화도 물론 잔뜩 있다. 이 사실은 문학과 예술이 '근사한 나'라는 '따분한 요새'에 우리를 가둘 때는 감정이입을 그다지 이끌어내지 못한다는 사실을 일깨운다.

얼마 전 내가 『에스콰이어』에서 '남자가 읽어야 할 최고의 책 80권'이라는 제목으로 대단히 남성적인 문학 고전 작품들을 나열했던 목록, 개중 79권이 남성 작가의 책이었던 목록을 두고 짓궂게 빈정거렸던 건 이 때문이다. 그 목록은 이런 식의 협소한 경험을 장려하는 듯했다. 하지만 나는 그러니까 그 대신 모두들 여자가 쓴 책을 읽어야 한다고 말하진 않았다(물론 균형을 잡는 건 중요하다). 다만 독서란 자신의 젠더를(그리고 인종, 계급, 성적 지향, 국적, 시대, 나이, 능력을) 탐구할 뿐 아니라 더 나아가 그것을 초월하여 타인이 된 상태를 추체험하는 데 의미가 있을지도 모른다고 말했다. 겨우 이 말에 어떤 남자들은 화를 냈다. 그 희한한 젠더의 구성원 중 다수는 걸핏하면 화를 내는

데, 화내면서도 자신은 그 사실을 모른다. 그냥 상대가 틀렸고 가끔은 심지어 상대가 나쁘다고 생각한다.

올해 이런저런 말이 많았던 한가지 주제는 요즘 대학생들이—여기서는 구체적으로 여성, 흑인, 트랜스젠더 대학생들을 뜻하는 거였다—지나치게 예민한 나머지 남들에 대한 검열을 요구하고 있다는 주장이었다. 그래서 『애틀랜틱』은, 여담이지만 이 잡지는 묵직한 추처럼 진보에서 보수로 왔다가 도로 돌아갔다가 하며 흔들리는 이상한 잡지인데, 최근 「미국인의 정신적 응석」The Coddling of the American Mind이라는 기사를 실었다. 기사는 나이 지긋한 두 백인 남성을 이 문제의 최고 권위자인 양 호출하여, "제리 사인펠드Jerry Seinfeld와 빌 마Bill Maher는 요즘 대학생들의 지나친 예민함을 공개적으로 비난하면서 많은 대학생이 농담을 받아들일 줄 모른다고 말했다"라고 전했다.

하지만 진짜로 농담을 받아들일 줄 모르는 사람이 누군지 아시는지? 백인 남자들이다. 그들은 자신과 자신들의 세상을 나쁘게 비추는 농담은 받아들일 줄을 모르고, 그때 그들이 화내거나 위협하는 모습을 보자면 그들은 사사건건 제 뜻대로만 하고 싶어하고 자기가 멋지다는 소리만 듣고 싶어하는 사람들임을 알 수 있다. 이 대목에서 분명히 밝혀두는데, 나는 모든 백인 남자가 농담을 받아들일 줄 모른다고 말하는 건 아니다. 많은 백인 남자가—내가 친구로 여기는 많은 남자들도 포함하여 (그리고 내 가족이라서 당연히 나처럼 피부가 희멀건 남자들도 포함하여) —— 유머 감각을 갖고 있다. 그것은 이상과 현실의 간격을 볼 줄 아는 재능, 자기 위치에 주어진 한계를 넘어선 곳까지 볼 줄 아는 재능이다. 어떤 백인 남자들은 깊은 감정이입 능력과 통찰력을 갖고 있고, 나머지 사람들과 다를 바 없는 글을 쓴다. 어떤 백인 남자들은 인권의 투사들이다.

그러나 세상에는 그렇지 않은 남자들도 있고, 그들은 실제로 우리 앞에 나타나서 응석을 받아달라고 요구한다. 흑인 대학생들이 뭔가 마음에 들지 않는 게 있을 때 꽤 점잖은 방식으로 다른 것을 요구하면, 꼭 그들이 핵무기를 요구하거나 총을 겨눠 지갑을 요구하기라도 한 양 응석을 부린다는 비난이 쏟아진다. 한편 어느 여성 문화비평가가 게임 속 여성혐오에 대해서 발언한 게 마음에 들지 않았던 일군의 백인 남성 게이머들은 일년가량 쉴 새 없이 그녀에게 강간 협박, 살해 협박, 폭탄 협박, 신상 공개 협박, 심지어 1989년 몬트리올에서 여자 열네명을 살해했던 마르끄 레삔Marc Lépine을 모델로 삼은 대량 학살 위협까지 퍼부으며 괴롭혔다. 물론 이건 애니타 사키시언과 게이머게이트 소동 이야기다. 바로 이런 남자들이야말로 응석받이라고 불릴 수 있을 것이다. 그렇게 불려야 한다. 그리고 진지하게 묻는 건데, 그들은 정말 세상 모든 사람들이 자신이

한 일, 자신이 좋아하는 것, 자신이 만든 것을 끝내준다고 생각해야 마땅하다고 여겼을까? 아니면 입 닥치고 잠자코 있기라도 해야 한다고? 아마 그랬을 것이다. 그들은 오랫동안 그렇게 살아왔으니까.

요전 날 내가 어떤 책들에 대해서 페미니즘적 의견을 드러냈더니, 벌통을 쑤신 것처럼 난리가 났다. 한마디로 압축하자면 『롤리타』를 둘러싼 문제였다. 소설이 감정이입을 고취하기 때문에 좋다는 요즘 인기 있는 논증이 가정하는 바는 우리가 소설 속 인물과 동일시한다는 것이다. 우리가 길가메시와 동일시하거나 심지어 엘리자베스 베넷과 동일시해도 아무도 그게 잘못이라고 말하진 않는다. 문제는 롤리타와 동일시할 때인데, 그 순간 우리는 그 책이 백인 남자가 몇년 동안 아이를 거듭 강간하는 얘기라는 걸 명확히 깨닫게 된다. 우리는 『롤리타』가 그런 줄거리에 그런 인물들이 나오는 소설이란 사실을 눈치채지 않으려고 안간힘 써가면서까지 그 책을 읽어야 할까? 그 내러티브는 정말 우리 자신의 경험과 아무 관계가 없을까?

내가 그 글에서 했던 말은, 내가 『길 위에서』 속에서 하찮게 취급당하는 인물과 나를 동일시했던 것처럼 내가 롤리타와도 동일시했다는 것이었다. 나는 예전에 나보꼬프의 소설을 많이 읽었지만, 인질처럼 붙잡힌 채 거듭 강간당하는 아이를 두고 펼쳐지는 소설은, 내가 그 아이와 비숫한 나이였을 때는, 세상이나 세상 속 남자들이 내게 얼마나 적대적일 수 있는가를 알려주는 경험이었다. 그것은 즐겁지 않았다.

토머스 하디의 『더버빌가의 테스』부터 브렛 이스턴 엘리스Brett Easton Ellis의 『0보다 적은』*Less Than Zero*까지 문학의 소재로 수시로 등장하는 여자아이 강간, 그리고 제이시 두가드Jaycee Dugard(열한살이던 1991년 샌프란시스코만 지역의 어느 남자에게 납치되어 18년 동안 성노예로 학대당했다)나 엘리자베스 스마트(2002년 납치되어 9개월 동안 같은 방식으로 학대당했다) 같은 현실의 실화들은 우리 마음속에 누적됨으로써 여자들에게 삶의 대부분을 조용히 살아가라고, 강간을 피하기 위해서 전략적으로 애쓰라고 환기하는 효과를 발휘한다. 이 상황은 여자들의 삶에 큰 피해를 끼치고, 자아감각에도 영향을 준다. 가끔은 예술이 삶을 환기시킨다.

하디의 소설은 사실 젊고 가난한 여자가, 처음에는 부유한 남자가 강요하는 섹스에 싫다고 말할 권리가 없었던 것부터 시작하여, 줄곧 주체성이 결여된 채로 살다가 결국 인생을 장대하게 망치는 과정을 보여주는 비극이다. 『더버빌가의 테스』는 위대한 페미니즘 소설로 볼 수도 있다. 남성 인물뿐 아니라 여성 인물에게도 인간적이고 감정이입적인 태도를 보였던 남자 작가는 옛날부터도 많았다. 윌리

엄 워즈워스, 토머스 하디, 레프 톨스또이, 앤서니 트롤럽, 찰스 디킨스가 떠오른다. (이들 가운데 흠결 없는 인간은 아무도 없다는 사실은 다음번에, 지금 이 급한 이야기부터 끝낸 뒤에 토론할 기회가 있을 것이다. 그런 날이 정녕 올지는 모르겠지만.)

스스로는 예술에 대한 변호라고 생각하지만 실제로는 예술에 대한 공격에 해당하는 흔한 주장이 하나 있다. 예술이 삶에 충격을 미치지 못한다는 주장이다. 예술은 위험하지 않고, 따라서 예술은 질책의 대상이 될 수 없다는 것이다. 우리는 어떤 예술에 대해서든 반대할 근거가 없고, 따라서 모든 반대는 검열이라는 것이다. 이 시각에 반대하는 논증을 가장 우아하게 펼쳤던 사람은 지금은 고인이 된 위대한 비평가 아서 C. 단토Arthur C. Danto였다. 이 주제를 다룬 그의 1988년 에세이는 내 생각의 형성에 영향을 주었다. 당시 우파 상원의원들은 예술을 검열하거나 아예 미국국립예술기금NEA을 폐지하기를 바랐다. 그들은 NEA가 후원하는 예술에 반대했는데, 그중에는 가학피학적 놀이에 몰두한 남자들을 형식주의적으로 우아하게 찍은 로버트 메이플소프Robert Mapplethorpe의 사진도 포함되었다. 의원들의 근거는 그런 예술이 위험하다는 것, 그런 예술이 사람들의 마음과 삶을 바꾸고 그리하여 문화까지 바꿀지도 모른다는 것이었다. 안타깝게도 이에 대해 몇몇 예술

옹호자들은 예술이 궁극적으로는 삶에 충격을 미치지 못하므로 위험하지 않다는 반론을 펼쳤다.

사진, 에세이, 소설, 그밖의 것들은 우리 삶을 바꿀 수 있다. 그것들은 위험하다. 예술은 세상을 만든다. 나는 한권의 책이 인생의 목표를 정해줬다거나 삶을 구해줬다고 말하는 사람을 많이 안다. 내게는 그렇게 삶을 구해준 한권의 책이랄 만한 게 없지만, 그것은 그저 수백 혹은 수천권의 책들이 나를 구해주었기 때문이다. 독서에는 이보다 더 복잡하고 덜 절박한 이유들도 있다. 즐거움도 그중 하나다. 그리고 즐거움은 중요하다. 단토는 예술과 삶이 엄격히 분리되어 있다고 주장하는 사람들의 세계관을 다음과 같이 요약했다. "하지만 예술이라는 콘셉트가 삶과 문학 사이에 튼튼한 막을 끼워넣는다. 예술가가 수행하는 것이 예술이라는 사실을 사람들이 인식하는 한, 그 막은 예술가가 도덕적 피해를 끼치지 못하도록 보장한다." 이에 대한 단토의 반론은 예술이 충분히 도덕적 피해를 끼칠 수 있으며 실제로 종종 그런다는 것이었다. 좋은 책들이 좋은 영향을 끼치는 것과 마찬가지로. 단토는 전체주의 체제를 예로 들었다. 그런 체제의 관료들은 예술이 세상을 바꾼다는 걸 똑똑히 인식했기 때문에, 그럴 가능성이 있는 예술을 억압했다.

나보꼬프와 그의 인물과의 관계는 여러 방식으로 해석할 수 있다. 작가의 아내 베라 나보꼬프는 이렇게 썼다. "하지만 나는 누군가 알아차려주기를 바란다. 아이에 대한 다정한 묘사를, 괴물 같은 HH에 대한 아이의 애처로운 의존을, 아이가 줄곧 보이는 가슴 미어지는 용기를 (…)" 그리고 널리 읽힌 아자르 나피시의 책 『테헤란에서 롤리타를 읽다』에 나오듯이, 억압적인 이란에서 나보꼬프의 소설을 읽던 여자들도 자신을 롤리타와 동일시했다. "롤리타는 스스로를 보호할 수 없고 자기 이야기를 스스로 말할 기회도 갖지 못했던 피해자의 범주에 속한다. 롤리타는 그런 의미에서 이중의 피해자다. 자신의 삶뿐 아니라 자신의 삶의 이야기도 빼앗겼기 때문이다. 우리는 이 두번째 범죄의 피해자로 전락하지 않기 위해 이 수업에 참석하는 것이라고 스스로에게 말했다."

앞에서 언급했던 내 글, 남자들의 성질난 반응을 유발했다고 했던 글에서 내가 말하려고 했던 요지는 문학의 정전으로 꼽히는 작품들 중에는 여자의 이야기를 여자로부터 빼앗은 작품, 독자가 남자의 이야기만을 듣게 되는 작품이 있다는 거였다. 그런 책은 여자의 시각에서 세상을 묘사하지 않는 것은 물론이거니와 가끔은 독자에게 여자를 폄하하고 비하하는 일을 멋진 일로 여기도록 가르친다는 거였다.

만화 『딜버트』의 작가 스콧 애덤스Scott Adams는 최근 우리가 가모장제 사회에서 살고 있다고 주장했다. 왜냐하면 "섹스에 대한 접근성을 여자가 엄격히 통제하기" 때문이라고 했다. 이것은 상대가 당신과 섹스하기를 원하지 않는 한 당신은 그와 섹스할 수 없다는 뜻인데, 여기서 젠더 대명사를 빼고 말해보면 완벽하게 합리적인 소리로 들린다. 상대가 당신과 자기 샌드위치를 나눠 먹기를 원하지 않는 한 당신은 그의 샌드위치를 먹을 수 없다. 이건 당연한 소리고, 억압이 아니다. 이런 건 다들 유치원에서 배우지 않았던가.

하지만 만약 당신이 여성의 육체와 섹스하는 것은 이성애자 남성에게 주어진 권리라고 믿는다면, 여자들은 노상 당신과 당신의 권리 사이에 끼어들려고 하는 짜증스럽고 불합리한 문지기처럼 보일 것이다. 그것은 당신이 여자도 인간이라는 사실을 인식하지 못한다는 뜻이다. 당신은 그런 생각을 주변 사람들과 제도로부터 직접 주입받기도 했겠지만 또한 당신이 접했던 — 혹은 접하지 않았던 — 책과 영화로부터 간접적으로 얻기도 했을 것이다. 예술은 중요하다. 그리고 적잖은 수의 예술이 강간을 의지의 승리로 칭송한다(이 사실은 케이트 밀릿Kate Millet의 1970년 작 『성정치학』Sexual Politics에 잘 나와 있는데, 이 책에는 『에스콰이어』 목록의 남자 작가들 중 몇명도 등장한다). 예술은 늘 이데올로기적이다. 예술은 우리가 사는 세상을 만든다.

2015년 12월, 탐사 저널리스트 T. 크리스천 밀러T. Christian Miller와 켄 암스트롱Ken Armstrong은 경찰이 한 연쇄 강간범을 붙잡은 과정을 밀착 취재한 긴 기사를 선보였다 (경찰이 한 피해자의 말을 몇 년 동안 믿지 않았고 심지어 그에게 거짓말이 아니냐고 윽박지른 탓에 결국 피해자가 고발이 거짓말이었다고 거짓 자백하고, 거짓말한 죄로 기소되었던 사연도 담겨 있다). 강간범은 기자들에게 자신이 "어릴 때부터, 자바 더 헛이 레이아 공주를 붙잡아 사슬로 묶어둔 걸 보았던 그 옛날부터 도착적인 환상에 사로잡혔다"라고 말했다. 문화는 우리를 만든다.

하지만 자진하여 내게 가르침을 주겠다고 나선 남자들 중 한 명은 내게 "『롤리타』를 읽으면서 한 인물과 '동일시' 하는 건 나보꼬프를 완전히 잘못 이해하는 겁니다"라고 말했다. 이 말이 웃겨서 페이스북에 올렸더니, 웬 선한 진보 남성이 나타나서 그 책은 사실 알레고리라고 설명해주었다. 내가 설마 그걸 모를까요. 맞는 말이지만, 그 책은 또한 나이 든 남자가 가녀린 아이를 범하고 범하고 또 범하는 이야기이기도 하다. 그래서 아이는 훌쩍훌쩍 운다. 그러자 그다음에는 또 다른 선한 진보 남성이 나타나서 말했다. "당신은 예술의 기본적 진리를 이해하지 못한 것 같습니다. 나는 한 무리의 여자들이 남자들을 마구 거세하고 다니는 소설이 있더라도 개의치 않을 겁니다. 그 작품이 훌륭하기만 하다면 읽고 싶을 겁니다. 그것도 한번 이상." 세상에는 당연히 그런 문학 작품은 없다. 그리고 만약 저 말을 했던 선한 진보 남성이 거세 장면이 잔뜩 나오는 책, 심지어 거세를 찬양하는 책을 읽고 또 읽었다면, 그 경험은 틀림없이 그에게 영향을 미쳤을 것이다.

얼른 덧붙이고 싶은 말은, 살 만큼 산 내가 이제 와서 공연히 저런 남자들의 말에 상처 입지는 않으며 이런 일을 겪는 나 자신이 안됐다고 느끼지도 않는다는 것이다. 나는 그저 저들이 내놓는 말도 안 되는 말에 아연하여 눈이 휘둥그레질 뿐이다. 꼭 내가 실험실을 운영하고 있고 저들이 내게 훌륭한 표본을 끊임없이 가져다주는 것만 같다. 바다 건너에서도 이렇게 몹시 화난 사람들이 있었던 모양이다. 올해 부커상 수상자였으니 누구도 그가 문학적인 목소리라는 데 트집 잡지 못할 말런 제임스Marlon James가 이렇게 말했던 것을 보면 "진보 남성들이여, 나는 당신들이 필연적으로 신자유주의로 나아가고 결국에는 신보수주의로 나아가는 걸 막으려는 건 아니니까, 이것 하나만 얼른 말하게 해주십시오. 당신들 중 일부는 리베카 솔닛의 최근 글에 반대하는 것 같더군요. 세상에는 검열이 있고, 누군가가 돈 벌 기회에 반대하는 일이 있습니다. 둘은 같은 게 아니에요."

제임스가 따끔하게 말해준 게 고맙긴 하지만, 내가 한 일은 사실 누군가가 돈 벌 기회에 반대하는 일조차 아니었다. 나는 그저 몇몇 책과 몇몇 죽은 작가의 인물들에 대해서 유머러스한 발언을 했고, 같은 글에서 다른 많은 남성 작가들을 칭찬하고 칭송하기도 했다(칭찬한 남성 작가의 수가 혹평한 수와 거의 같았으니까 동점이라고 봐도 좋을 것이다). 예의 남자들은 내게 의견과 목소리가 있다는 사실이 남들의 권리를 위협하는 거라고 믿고 화냈던 것 같다. 남자들이여, 검열은 권력이 예술 작품을 억압하는 걸 말하지 누가 그 작품을 싫어하는 걸 말하는 게 아니랍니다.

　나는 우리가 『롤리타』를 읽지 말아야 한다고는 전혀 말하지 않았다. 나도 그 소설을 한번 이상 읽었다. 나는 그저 문학의 정전으로 추어올려지는 작품들 중 적잖은 수가 내 젠더를 꽤나 심술궂게 다루고 있으니 여자가 읽지 말아야 할 책들의 목록도 한번 작성해보면 좋겠다고 농담했고, 또한 이렇게도 말했다. "물론 나는 누구나 자기가 원하는 책을 뭐든 읽을 수 있어야 한다고 생각한다. 다만 내가 볼 때 어떤 책들은 독자에게 여자란 쓰레기라고, 혹은 액세서리로 존재할 뿐 그밖에는 없다시피 한 존재라고, 혹은 천성적으로 못되고 어리석은 존재라고 가르치는 지침이다." 그러고는 몇몇 작품들과 작가들에 대한 내 의견을 재미 삼아 내보였다. 그러나 나는 이 점에서만은 진지했다. 자신과 비슷한 사람들이 물건처럼 이용되고 버려지거나, 쓰레기처럼 그려지거나, 침묵하거나, 아예 안 나오거나, 무가치하게 그려지는 책을 많이 읽으면, 그 경험은 분명 우리에게 영향을 미친다. 예술은 세상을 만드니까. 예술은 중요하니까. 예술은 우리를 만드니까. 혹은 망가뜨리니까.

〔2015〕

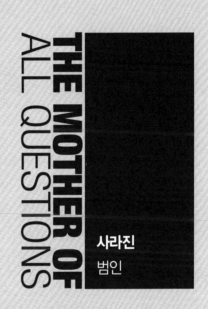

THE MOTHER OF ALL QUESTIONS

사라진
범인

탐정소설에서, 독자는 무지한 상태로 시작해서 단서를 하나하나 얻으면서 지식을 향해 나아간다. 작은 신호들이 더해지면 마침내 전모가 드러나고, 그리하여 세상은 질서를 되찾고 정의가 구현된다. 최소한 이윽고 세상이 명료해졌다는 만족감이라도 얻는다. 탐정소설이 환상을 걷어내는 문학이라면, 명료하게 밝히기는커녕 독자를 속이고 초점을 흐리려는 환상의 문학은 훨씬 더 흔하다.

최근 완벽한 사례는 사람들에게 잔뜩 야유받은 질병통제센터CDC의 새 음주 가이드라인이었다. 이 가이드라인은 꼭 탐정소설을 거꾸로 감은 것 같다. 고지식하게 믿을 태세로 읽는다면, 독자는 여성이란 무엇인지, 폭력과 임신은 어떻게 벌어지는지, 그런 일에 누가 관여하는지에 대해서 오히려 점점 혼란스러워질 것이다. 그러나 꼼꼼하게 읽는다면, 여기서 수동태는 은폐용일 때가 많다는 것, 에둘

258

지나친 음주는 여성에게 많은 위험을 가져옵니다.

모든 임신부와 아기에게
유산
사산
조산
태아 알코올 스펙트럼 장애(FASD)
영아 돌연사 증후군(SIDS)

모든 여성에게
부상/폭력
심장 질환
암
성 매개 질병
불임
원하지 않는 임신

여성에게 과음의 기준은…

임신부	비임신부		
		(시계)	
임신했거나 임신 가능성 있는 모든 여성의 모든 알코올 섭취	**8잔 이상** 일주일에(하루 평균 1잔 이상)	**폭음** (2~3시간 동안 4잔 이상)	**모든 알코올 섭취** 21세 미만의 모든 여성

의사, 간호사, 기타 의료 전문가는 임신부를 포함한 모든 성인 환자를 확인하여,*
술을 지나치게 마시는 환자에게는 조언을 주어야 합니다.
아래 5단계 조치로 여성이 임신 중 음주를 비롯한 과음을 피하도록 도울 수 있습니다.

1 여성의 음주 습관 평가하기
- 검증된 확인 지표를 쓴다(가령 AUDIT(US)*)
- 6~15분을 들여 결과를 설명하고 과음하는 여성에게는 조언을 제공한다.
- 여성이 임신했거나 임신 가능성이 있다면 술을 아예 끊도록 조언한다.
- 함께 실행 계획을 짠다.

2 여성이 성생활을 하고, 임신할 계획이 없고, 술을 마신다면 피임을 권한다(적절할 경우).
- 알코올이 임신에 미치는 위험과 피임의 중요성을 알려준다.
- 사용 가능한 피임 방법을 모두 짚어본다.
- 성 매개 질병 위험을 줄이기 위해서 늘 콘돔을 쓸 것을 권한다.

"최선의 조언은 임신할 계획이 있다면 술을 아예 끊으라는 것입니다."

3 여성이 임신을 계획하고 있거나 섹스 시 피임하지 않는다면 금주를 권한다.
- 여성이 임신을 알아차리기 전에 술을 끊어야 하는 이유를 설명해준다.

4 여성이 스스로 금주하지 못한다면 외부의 도움을 권한다.
- 지역 금주 프로그램 정보를 제공하거나 SAMHSA 치료 센터 찾기 홈페이지에서 확인해본다.
- 치료 센터에 소견서를 써주거나 AA 모임을 권한다.

5 필요에 따라 일년에 한번 이상 경과를 확인한다.
- 재진 예약을 잡는다.
- 후속 면담에서 지원을 계속 제공한다.

알코올 섭취 습관 검사와 조언에 대해서는 다음 웹사이트에 더 많은 자료가 있습니다. www.cdc.gov/ncbddd/fasd/alcohol-screening.html.
자료 출처: 미국산부인과전문의협회 www.acog.org/alcohol.

러 표현된 문장에서 사라진 주어가 바로 가해자일 때가 많다는 것을 알 수 있다.

여성이란 무엇일까? CDC에 따르면, 모든 여성은 임신할 위험에 처해 있다. 도표는 "지나친 음주는 여성에게 많은 위험을 가져옵니다"라고 말하고, "모든 여성에게" 해당하는 위험 항목을 나열한다. "부상/폭력"이 맨 위에 있고 "원하지 않는 임신"이 맨 밑이다. "지나친 음주는 여성에게 다음과 같은 위험을 가져옵니다. (⋯) 임신했거나 임신 가능성 있는 모든 여성의 모든 알코올 섭취." 의료 전문가는 "여성이 임신을 계획하고 있거나 섹스 시 피임하지 않는다면 금주를" 권해야 한다. 도표는 능숙하고 간단한 붓놀림 몇번 만에 모든 여성을 생식력 있는 남자에게 노출된 — 절묘한 표현이기도 하지 — 생식력 있는 가임기 여성으로 바꿔놓는다. 여성은 그외에도 많은 종류가 있으며 남성도 최소한 한 종류에게는 동등한 책임이 있다는 사실은 부정한다. 어쩌면 남자의 존재 자체를 부정하는지도 모른다. 도표만 보면 여자들은 남자가 아니라 술과 사건 결과로 임신하는 것 같으니까.

현실의 여성은 CDC 기준을 벗어나는 사람들까지 굉장히 넓게 아우르는 범주다. 꽤 많은 여성은 임신 능력과 그에 따르는 온갖 불확실성을 겪을 나이를 이미 지났다. 우리가 나파밸리에서 큼직한 통에 담겨 익어가는 삐노누아를 잘생긴 쏘믈리에들과 함께 아무리 꿀꺽꿀꺽 마셔도, 실수로 임신하는 일은 없을 것이다. 또 젊은 여성 중 많은 수는 이런저런 이유로, 가령 장기 피임 도구를 삽입했거나 자궁관 묶음 수술을 받았기 때문에, 혹은 질환이나 치료나 유전적 복권의 결과로 생식력이 없는 상태다. 설령 모히또의 분수가 간헐천처럼 땅에서 용솟음치더라도, 그들이 임신하는 일은 절대로 없을 것이다. 셋째, 유의미한 규모의 여성 인구는 레즈비언이다. 그들은 술을 다른 여자들과 함께 마시지, 남자들, 더 나아가 피임하지 않고 여자와 섹스하는 생식력 있는 남자들과 마시지 않는다. 위스키가 아무리 강처럼 흐르더라도 그들의 임신 여부에는 조금도 영향을 미치지 못할 것이다. 마지막으로, 트랜스젠더 여성은 아무리 쁘로세꼬가 나이아가라 폭포처럼 흘러도 보통 임신하지 않는다. 몇몇 트랜스젠더 남성이 일부러 아이를 배는 경우는 있지만, 그것은 다른 얘기고 상당히 멋진 얘기다. 우리가 지금 살펴보는 이야기보다 훨씬 더.

그런데 이런 이야기에서 진짜 황당한 대목은 따로 있다. (생식력 있는 시스〔트랜스젠더와 대비되는 개념인 시스젠더 cisgender는 타고난 생물학적 성과 젠더(성지향성)가 일치하는 사람을 뜻한다—옮긴이〕) 여성은 어떻게 임신할까? 초등학교 수준 성교육으로 돌아가보자. 정자와 난자가 결합하고 어쩌고 하는 내용을 기억하는지? 왜냐하면 우리는 새 CDC 인

포그래픽을 볼 때 여성이 구체적으로 어떻게 임신하는지는 언급하지 않는다는 점에 놀라게 되기 때문이다. 임신은 남자와 여자 중 특정 부분집합이 특정 방식으로 어울렸을 때 일어난다. 남자 없이는 임신도 없다. 이 말이 너무 노골적이라면, 임신은 남성 생식기가 약간의 남성 유전물질을 여성의 몸에 집어넣었을 때 여성에게 생기는 일이라고 바꿔 말하자(이외의 방법으로 정자나 수정란이 자궁에 들어가서 원하지 않는 임신을 하게 되는 경우는 절대로 없다). 참, 그 남성 생식기는 거의 늘 인간 남성의 몸에 달려 있다는 것도 말해둬야겠다.

여자가 설령 아브라함 시절의 티그리스 계곡처럼 비옥하더라도, 씨를 품은 남자와 어울리지 않는 한 임신은 하지 않는다. 그러나 세상 사람들이 임신을 논하는 방식을 들어 보면, 여자는 저 혼자서 임신하는 모양이라고 믿어야 할 것 같다. 보수주의자들이 '아비 없는' 아이를 낳은 여자나 쾌락을 추구하여 섹스하는 여자를 비난할 때 그런 식으로 말한다. 낙태 반대론자들은 타락한 여자가 섹스 자체를 위해서 섹스하다가 불행한 결과를 맞은 거라는 식으로 말할 때가 많다. 이런 이야기에서 진정 오싹한 부분은 그런 여자들도 남자가 없다면 임신 위험이 있는 섹스를 할 수 없다는 사실인데, 이 오싹함은 워낙 익숙해서인지 은폐된다.

과거 선거 기간 언젠가, 정치인 토드 에이킨Todd Akin은 여성이 "법적인 강간 상황에서는" 임신하지 않는다고 말했다. 자궁에 리모컨으로 조종되는 문이라도 달린 것처럼, 여성의 몸이 "기능을 차단한다"는 것이다. 많은 사람이 그의 미친 생각에 주목했지만, 그 와중에 간혹 간과된 부분이 있었다. 그가 저 말을 한 것은 강간 피해자에게도 낙태권을 주지 않으려는 의도에서였다는 점이다. 낙태 반대 운동과 법 집행이 극단으로 치닫는 요즘(가령 유산을 유도하려고 시도한 여자들이 고발당한 사건이 있었다), 여자는 자기 자궁 속 태아보다 가치가 없다. 그 태아들의 절반쯤은 여자일 테고, 그 여자들은 자라서 다시 그다음 세대의 잠재적 태아들에 비해 가치 없는 존재로 평가될 텐데도. 여자들은 가치 있는 것을 담은 용기를 담은 용기를 담은 용기를 담은… 무가치한 용기인 모양이다. 이때 가치 있는 것이란 물론 남자다. 남자 태아다. 어쩌면 태아도 성별이 여자로 확인되기 전까지만 가치 있는지도 모른다. 아, 모르겠다. 나는 이 사람들의 사고방식이 전혀 이해가 안 된다.

이런 이야기는 생식을 신비화하면서 임신의 구체적인 메커니즘은 부지런히 외면한다. 첫째, 사라진 남자 수수께끼라고 불러도 좋을 문제가 있다. 이런 이야기는 생식에서 남자들을 지우고, 아빠 없는 아이들이라고 불리는 현상에서 아빠들의 책임을 사한다. 아빠가 아이의 삶에서 사라지는 것은 아이에게 별 영향을 미치지 않는다는 듯이. (물론,

착한 남자가 자식과 접촉하지 못하도록 막는 못된 여자도 있는 게 사실이다. 하지만 나는 아무 책임도 안 지고 사라진 아빠들과 폭력적인 남자에게서 달아난 엄마들의 사례를 더 많이 안다.) 진지하게, 우리는 왜 이런 이야기에 남자가 없는지 그 이유를 알고 있다. 이런 이야기는 남자들을 운 나쁜 사고로 인한 임신을 포함하여 모든 임신의 책임으로부터 면제해준다. 그다음에는 많은 가난한 여자들이 너무나 오래 비난받아온 현상, 즉 아빠 없는 아이를 생산한 책임으로부터도 면제해준다. 세상에는 아빠 없는 아이들의 아빠가 무수히 많다.

우리는 여성혐오가 없는 평행우주도 상상해볼 수 있을 것이다. 그 세상에서 남자들은 자신의 몸에는 여자의 배를 부풀려 아홉달 동안 임신하게 하고 다른 인간을 만들어낼 수 있는 위험한 물질이 들어 있다는 경고를 듣는다. 상대의 동의 없이, 계획 없이, 장기적 결과를 고려하지 않은 채 임신 가능한 사람의 몸에 그 물질을 집어넣고 다니는 건 무책임하고, 비도덕적이고, 인간으로서 부족한——그건 그렇고 툭하면 여자는 부족하다고들 말하는데 대체 뭐가 부족하단 말인가?——짓이라는 지적을 듣는다. 하지만 현실에는 이런 식으로 꾸짖는 말은 별로 없다. 여자가 임신으로 남자의 발목을 잡을지도 모른다고 경고하는 말뿐인데, 이것은 남자가 종종 책임에서는 발을 빼면서도 정자는 빼지 않는다는 말과 같다.

지카 바이러스에 대해 여성에게 주어진 권고도 이런 여
성 대상 알코올 가이드라인과 비슷하다. 선천적 장애를 일
으킬 수 있는 질병이 돌 때 임신을 예방할 책임은 전적으
로 여성에게 있다고 이야기되는 것이다. 엘살바도르처럼
상황을 불문하고 무조건 낙태가 불법이고, 피임 수단에 접
근하기 쉽지 않고, (다른 거의 모든 곳과 마찬가지로) 여자
가 섹스를 거부하는 게 늘 안전하고 쉬운 일만은 아닌 나
라들에서도 그렇다. 엘살바도르에서는 낙태했다고 고발된
여자 17명이 살인죄로 감옥에 있다(그곳에서는 유산도 가
끔 낙태로 해석된다). 그들의 몸이 누구의 소유로 여겨지
는지 의심해볼 만한데, 아무튼 확실한 건 그들의 몸이 그
들의 것으로 여겨지진 않는다는 사실이다. 브라질은 그래
도 남자들에게 임신부와 섹스할 때 콘돔을 쓰라고 당부했
다(하지만 임신 위험이 있는 여자와의 섹스에 대해서는 그
렇게 당부하지 않았다).

이렇게 생식을 신비화하는 시각에서는 남자가 사라지
고 없을 뿐 아니라 자원에 대한 접근성도 사라지고 없다.
CDC가 원하지 않는 임신을 이토록 집중 조명하는 걸 보
면, 피임하지 않는 가임기 여성은 모두 금주해야 한다고
단언하는 대신(게다가 이것은 피임 중인데도 실수로 임신

하는 여자도 많다는 사실을 무시한 지침이다) 생식권, 교육, 의료 서비스에 대한 접근성을 높여주는 편이 원하지 않는 임신을 줄이는 데 더 효과적일 텐데 하는 의문이 든다.

이처럼 여자들에게 술은 위험하다고 떠들어대는 것이 이 나라가 아이들을 너무너무 사랑하기 때문이라면 좋겠다. 그래서 뉴올리언스와 볼티모어와 플린트까지 퍼진 납 중독에 대해서도, 아이오와의 용수 질산염 오염에 대해서도, 발암 살충제에 대해서도, 단 정크푸드와 소아당뇨의 연관성에 대해서도, 모두가 보건과 보육과 건강하고 알맞은 음식을 누릴 수 있어야 한다는 필요성에 대해서도 똑같이 호들갑을 부리고 있다면 좋겠다. 하지만 알다시피 그렇지 않다. 이것은 그저 여성혐오일 뿐이다. 여성을 혐오하려면, 남자들은 사라지고 여자들이 마치 마술사처럼 방탕한 습관으로부터 짠 하고 혼자 아기를 만들어내는 이야기가 필요하다. 이런 이야기는 여자들에게 그런 놀라운 권능을 부여한다는 점에서 흥미롭지만, 나는 흥미로운 이야기보다는 정확한 이야기를 듣고 싶다. 그리고 아이들의 안녕에 영향을 미치는 다른 생태적·경제적 요인들까지 모두 말하는 폭넓은 이야기도 듣고 싶다. 하지만 그러면 여자들만이 아니라 우리 모두에게 책임이 돌아갈 것이다.

언어는 중요하다. 우리는 사람들이 강간 피해자를 비난하는 것을 막기 위해서 강간에 관련된 언어를 두고 대대적인 싸움을 벌였다. 우리의 언어를 간단히 요약하자면, 강간은 강간범이 저지른다는 것이다. 여자가 어떤 옷을 입었고 무엇을 마셨든, 어디를 갔든, 그런 게 일으키지 않는다는 것이다. 여자가 잘못했다고 여기는 시각은 예의 반反탐정소설적 서사, 혹은 사라진 주인공이라는 수수께끼의 한 챕터로 들어가는 셈이다. 강간은 고의적 행위고, 행위자는 강간범이다. 그런데도 우리는 특히 대학 캠퍼스의 젊은 여자들이 스스로 강간하는 것처럼 상상하게 되는데, 이처럼 강간을 신비화하는 이야기 속에는 캠퍼스의 젊은 남자들이 아예 등장하지 않기 때문이다. 남자들은 일종의 날씨처럼, 주변에 감도는 자연력처럼, 우리가 다스리거나 책임을 물을 수 없는 불가피한 무언가처럼 추상화된다. 이런 이야기에서 남자들 개개인은 사라지고, 강간과 폭행과 임신은 여자들이 적응하는 수밖에 딴 도리가 없는 날씨가 된다. 여자에게 그런 일이 벌어진다면, 그건 여자 자신의 잘못이다.

이 나라에는 이런 식의 이야기가 많다. 믿는 사람이 바보가 되는 이야기, 가난의 원인이나 인종차별의 결과와 같은 현상을 드러내기보다 덮어 감추는 이야기. 결과에서 원인을 떼어내고, 의미를 멀찍이 치워버리는 이야기. CDC는 여성이 금주해야 할 까닭을 말한 오렌지색과 녹색의 단순한 도표에서, 과음에는 "부상/폭력" 위험이 따른다고 표현함으로써 범죄로부터 가해자를 더욱더 철저히 지웠다.

자, 넘어져서 어디가 부러지는 건 곤드레만드레한 만취에 따르는 위험이다. 하지만 여기서는 부상이 폭력과 짝지어져 있는데, 의자에서 굴러떨어지는 건 보통 폭력으로 간주되지 않으므로, 이 뜻은 명확하다. 누군가 당신을 해쳐서 부상을 입힐지도 모른다는 뜻이다. 정상적인 세상과 문법이 정확한 글에서는 무릇 폭력에 원인이 있을 테고, 그 원인에게는 행동력과 의식이 있을 것이다. 그 원인은 아마 살아 있는 다른 존재일 것이다. 술은 그런 존재가 될 수 없다. 술에는 행동력도 의식도 없기 때문이다. 나무가 쓰러져서 당신을 덮쳤다고 해서 나무를 폭력적이라고 말할 순 없다. 관리가 부실한 집이 무너져서 당신을 덮쳤다면 집주인에게 책임이 있다고는 말할 수 있겠지만.

당신은 술을 마시고, 부상을 입지만, 누가 당신을 해쳤는가는 말해선 안 된다고 한다. 이건 꼭 방 안에 여자와 술 둘만 있었다는 것 같은 얘기다. 그 누군가가 가이드라인이 주어지는 대상인 경우도 마찬가지다. CDC는 남자들도 술을 조심해야 한다고 말하는 또다른 가이드라인에서 "지나친 알코올 섭취는 흔히 성폭행과 관련됩니다"라고 말했다. 꼭 "지나친 알코올 섭취excessive alcohol use"라는 사람이 존재하는 것 같다. 아니, 이름답게 "Excessive Alcohol Use"라고 대문자로 써주고, 그의 티셔츠나 휴대용 술병에 "EAU"라고 머리글자도 새겨주어야 할지 모른다. 우리는 모두 EAU씨를 만난 적 있다. EAU씨는 종종 성폭행에 관련된다. 그런데 여기서 핵심은 그는 결코 혼자 행동하지 않는다는 것이다. CDC는 "당신"이나 "남자"나 "술 취한 남자"나 "가해자"라는 표현을 절대로 쓰지 않으려는 일념에서, 매듭이 꼬일 정도로 무리하게 말을 꼰다. CDC는 누군가 맞거나 강간당해서 다치는 것보다 누군가의 감정이 다치는 걸 더 걱정하는 것 같다. 하지만 사람들이 다치는 건, 그들을 다치게 하는 사람이 누구인가에 대해서 우리가 이야기하길 꺼리는 탓도 있다.

CDC의 가이드라인을 보면, 지나친 알코올 섭취에게는 "지나친 알코올 소비Excessive Alcohol Consumption"라는 형제가 있고 그 역시 골칫덩어리다. "지나친 알코올 소비는 공격성을 높이고, 그 결과 타인을 물리적으로 공격할 위험을 높일 수 있습니다." 이 이야기에서는 EAC씨가 명백히 단독으로 범행을 저지른다. 이 문장에는 주어가 없다. 누구의 공격성인가? 누가 공격한단 말인가? CDC는 어서 추적에 나서서 남자들에 대한 경보를 발령해야 할지도 모른다. 누가 뭐래도 여성에 대한 폭력을 제일 많이 일으키는 건 남자들이니까(말이 나왔으니 말이지만, 남성에 대한 폭력을 제일 많이 일으키는 것도 남자들이다). 이런 언어를 상상해보자. "남자를 사용하면 임신이나 부상을 입을 수 있습니다. 남자 사용에는 주의가 필요합니다. 위험이 없는지 모든 남자를 주의 깊게 살펴보십시오. 술 마신 남자 사용을 조심하십시오." 남자들에게 경고 딱지라도 붙여야 할까? 그러나 그 또한 남자들에게 스스로의 행동에 대한 책임을 면해주는 일일 테고, 나는 그런 면책을 그토록 자주 해주지 않는 세상이 더 나은 세상일 거라고 생각한다. 미국에서 가정폭력은 15~44세 여성의 제일가는 부상 원인이다.

"그 여자가 나를 그렇게 행동하게 만들었어"류의 합리화는 2차 원인이다. 수동태 문장과 능동적 폭력은 곧잘 함께 간다. 무장하지 않았고 위협도 가하지 않았던 남자를 죽인 죄로 재판을 받았던 샌프란시스코의 한 경찰관은 "비극적인 일이었습니다. 하지만 안타깝게도 강요된 상황이었습니다"라고 말했다. 그 자신의 판단 착오 외에는 다른 무엇도 그에게 그러라고 강요하지 않았는데도. 피해자 변호사로 20년 넘게 일해온 조지아 블랙Georgia Black은 내게 이렇게 말했다. "선고 공판이나 가석방 공판에서 가해자가 '그때 벌어진 끔찍한 일'이라고 말하는 걸 얼마나 많이 들었는지 모릅니다. 피해자나 피해자 가족에게 보내는 사과문에서도 '당신에게 벌어졌던 일은 유감입니다'라고 말하죠." 나＋행동＝결과라는 단순하기 짝이 없는 계산은 그들이 풀지 못하는 수학 문제, 그들이 보지 못하는 과정인 것만 같다. 언어, 느슨한 언어, 모호한 언어는 변명이 된다. 사건은 저절로 일어나는 게 된다.

우리는 문학의 야생 보호 구역에서 언어들의 종을, 개별 단어의 비행 패턴을, 함께 쓰인 단어들의 무리 행동을 연구함으로써 언어가 무슨 일을 하고 왜 중요한지를 배운다. 그렇다면 세상으로 나가서 정치적 발언, 뉴스 제목, CDC 지침의 더럽혀진 말들을 관찰함으로써 그 말들이 어떻게 세상을 만드는지, 이 경우에는 어떻게 세상을 망치는지 알아보는 것은 훌륭한 현장 연구인 셈이다. 언어가 추구할 가장 진실되고 가장 중요한 목적은 세상을 또렷하게 만들어서 우리가 잘 보도록 돕는 것이다. 언어가 그와 반대로 쓰였을 때, 우리는 우리가 곤란에 처했고 어쩌면 무언가 은폐되어 있을지도 모른다는 걸 깨닫는다.

탐정처럼 언어 속에 숨은 것을 인식하는 습관을 들이면, 우리는 거짓말을 믿는 걸 피할 수 있다. 그리고 그 거짓말이 곧 알리바이일 때는, 그 덕분에 보호받는 게 누구인지도 알아낼 수 있다. CDC가 비록 방법은 틀렸을지언정 알코올 오용의 위험을 경고한 건 옳은 일이었다. 나로 말하자면, 언어의 오용을 경고하고 싶다. 우리는 누구나 언어 탐정이다. 관심을 충분히 쏟는다면, 우리는 어떤 진술이 드러낼 의도가 없었던 숨은 뜻까지 알아낼 수 있고 어떤 이야기가 우리에게 거짓말을 할 때는 그 사실까지 알아차릴 수 있다. 얼마나 많은 이야기가 그러는지 모른다.

〔2016〕

사라진 범인 271

THE MOTHER OF ALL QUESTIONS

거대한 여자

급진적인 것은 종종 주변적인 것으로 여겨진다. 그래서 가끔 정말로 전복적인 것이 티셔츠나 스키마스크가 아니라 턱시도를 입고 나타났다는 이유만으로 적발되지 않는다. 조지 스티븐스George Stevens 감독의 1956년 영화 「자이언트」가 그렇다. 「자이언트」는 대하 서사, 몇대에 걸친 가문의 이야기, 목축에서 석유로 이동한 텍사스 경제의 약사, 후기 서부영화 시대의 서부영화, 또한 선동의 도구다. 세 시간이 좀 넘는 상영시간 안에 영화는 결혼 생활의 장면들부터 인종, 계급, 젠더에 대한 개입까지 온갖 것을 담았다.

영화에는 엘리자베스 테일러Elizabeth Taylor와 세 게이 남자, 록 허드슨Rock Hudson, 제임스 딘James Dean, 살 미네오Sal Mineo가 출연한다. 세 남자는 꼭 영화 속 역할 때문만은 아닌 듯한 태도로 어색하게 서로의 주변을 맴돈다. 나는 「자이언트」를 처음 봤을 때부터, 그러니까 영화 30주년을 맞아 샌프란시스코 캐스트로 극장에서 기념 상영회가 열렸을 때부터 그 사실을 눈치챘다. 내가 십대 중반부터 꿈의 궁전으로 여겼던 위대한 1,400석 극장에서 영화를 보면서, 캄캄한 어둠 속에 나와 함께 앉은 주변 게이 남자들의 한숨과 신음과 숨죽인 웃음소리를 통해서 나는 동성애적 서브텍스트를 읽는 법, 활달한 여성을 즐겁게 바라보는 법, 게이들의 교태와 못된 매력과 진부한 클리셰를 알아보는 법을 배웠다. 「자이언트」에는 그런 것이 다 들어 있었다.

내 또래 많은 사람들은 「로키 호러 픽처 쇼」 같은 컬트 영화를 외우고, 캐스트로 극장은 요즘도 「인어 공주」나 「사운드 오브 뮤직」을 따라 부를 수 있는 사람을 위해서 다 함께 합창하는 상영회를 열지만, 나는 「자이언트」에서 테일러가 했던 멋진 대사 중 일부를 암송할 줄 안다. 테일러는 하고많은 가부장적 플롯들 속의 하고많은 반항아 여성들처럼 끝내 죽거나 버려지거나 패배하는 대신, 규칙을 깨고 승리하고 그런 자신을 즐기는 여성을 보는 귀하디귀한 즐거움을 준다. 내가 영화를 처음 보았던 해로부터 일년 전 허드슨이 에이즈로 죽었다. 그러자 테일러는 당시에는 치료 불가능했고 끔찍한 낙인까지 얻었던 그 병의 환자들을 위해 나섰다. 에이즈 환자를 지지하고 기금을 모으고 앞장서서 발언했던 영웅적 행위 덕분에, 현실의 테일러는 30년 전 연기했던 불굴의 여주인공을 좀 닮아 보였다.

화면에서 그런 여성을 볼 때마다, 나는 한껏 기운이 난다. 아마 남자들은 할리우드가 끝도 없이 공급해주는 액션 영웅과 자신을 동일시하면서 늘 그런 기분을 느끼고 있겠지. 2015년 전기 영화 「조이」에서 제니퍼 로런스가 고전 영화 속 총잡이처럼 텍사스 거리를 걸어내려와 적과 대면하는 장면은 보기만 해도 일년에 한번 느낄까 말까 한 전율을 안겼다. 「헝거 게임」 시리즈 중 로런스의 캣니스 에버딘은 오래전 홍콩 액션 영화의 여주인공들이나 니키타처럼 중독적이다. 비욘세의 최근 뮤직 비디오 몇편도 척척 베어버리고 결코 저자세로 머무르지 않는 여성을 보는 기쁨을 주었다. 무적의 여인, 행동력 있는 여성을.

내가 캐스트로의 큰 화면에서 「자이언트」를 두번째 본 것은 40주년 기념 상영회 때였다. 그때 나는 옆에서 속살속살 감상을 읊는 나만의 훌륭한 해설자, 행위예술가 기예르모 고메스뻬냐Guillermo Gómez-Peña를 데리고 갔다. 머리부터 발끝까지 까만 가죽 옷을 입은 그는 숙취로 좌석에 축 늘어져서는 거의 맨 처음부터 웅얼거렸다. "리베카, 지금 내가 보는 장면이 믿기지 않아." 영화 초반, 화사하고 당당한 젊은 테일러가 연기하는 메릴랜드의 상류층 사교계 아가씨 레슬리 린턴은 서부 텍사스의 목장주 록 허드슨을 한편으로는 매료시키고 다른 한편으로는 당황하게 만든다. 교태를 부리는 사랑스런 여자로서 매료시키고, 자기 생각을 거침없이 말하는 여자로서 당황시킨다. 프로이트적 모티프도 등장한다. 남자는 여자의 아버지에게 종마를 — 첫 장면에서 테일러가 위풍당당하게 타 보이는, 윤기가 반드르르한 까만 말이다 — 사려고 찾아왔던 것이다. 두 사람이 만난 이튿날 아침, 여자는 남자에게 간밤에 텍사스에 관한 책을 읽느라 밤을 새웠다고 말하고, 그래서 남자는 우쭐해할 만한 칭찬을 듣겠거니 기대하지만, 레슬리는 이렇게 말한다. "우리가 텍사스를 훔쳤더라고요! 그러니까 멕시코한테서 말이에요."

얌전하면서도 충격적인 이 장면은, 카메라가 토스트가 목에 걸려 켁켁거리는 허드슨을 비출 때 아연실색한 표정의 잘생긴 흑인 집사도 함께 비춤으로써 좀더 복잡해진다. '브라운 대 교육위원회' 재판, 그리고 그보다 덜 유명하지만 비슷한 판결이었던 '에르난데스 대 텍사스' 재판이 벌어졌던 해의 이듬해에 제작된 영화는 텍사스의 인종 문제, 백인과 라틴계 주민의 문제를 다루려는 것이다. 남부 흑인의 정치적 상황이라는 주제는 건드리지 않지만 말이다. 이 영화가 논설로서 완벽하진 않다. 직접 차별당하는 인구가 아니라 그들에게 협력하는 백인의 시각에서 인종정의를 다룬 장르에 속하는 영화다. 그래도 마틴 루서 킹이 대학원을 마치는 중이었고 로사 파크스가 여태 백인에게 버스 좌석을 양보하던 시절에 제작된 블록버스터 영화로는 대단히 특별했다.

우리가 텍사스를 훔쳤더라고요. 요즘도 놀랍게 느껴지는
말인데, 자기 고장에 푹 빠진 대大목축업자에게 엘리자베
스 테일러가 아침식사 자리에서 건네는 말로는 거의 충격
적이다. 저 말은 지금도 현실을 정확히 상기하게끔 만드는
좋은 지적이다. 기예르모와 내가 캐스트로 극장에서 「자이
언트」 40주년 기념 상영을 관람했던 해는 ── 1996년 ── 캘
리포니아에서 이민자에 대한 공격이 최고조에 달했던 때
였다. 그것은 경제적 충격에 관한 여러 미신들, 새로운 경
제의 짐을 그 우두머리들이 아니라 하층계급에게 지운 미
신들 때문에 벌어진 현상이었다. 그해는 또 미국이 멕시코
와 전쟁을 벌이기 시작했던 해로부터 150주년 되는 해였
다. 전쟁은 2년 후 미국이 멕시코의 북쪽 절반, 뉴멕시코에
서 캘리포니아에 이르는 드넓은 땅을 빼앗는 것으로 끝났
는데, 만약 그 땅이 멕시코에게 남아 있었다면 전세계 지
정학이 지금과는 딴판이었을지도 모른다. 어쩌면 오늘날
일자리를 찾는 가난한 양키들이 국경을 몰래 넘어 남서쪽
초강대국으로 숨어들고 있었을지도 모른다. (물론 미국
이 텍사스를 훔쳐 온 건 그보다 더 전이었다.) 골드러시로
부터 1990년대 캘리포니아 주지사 피트 윌슨Pete Wilson과
2016년 공화당 대통령 후보에 이르기까지 라틴계 이민자
와 거주자를 악마화하는 정치인들의 이데올로기에서 기억

상실은 늘 중요한 원인이었다.

허드슨의 배역인 목장주 조던 베네딕트 2세는 아름다운 여성의 입에서 나온 진실을 견뎌낸다. 두어 장면 후, 둘은 신혼부부가 되어 개인 철도를 타고 집으로 달려간다. 푸르게 굽이치는 남동부 전원에서 사냥개를 앞세워 말 타는 모습으로 등장했던 레슬리는 자신이 건조한 텍사스 서부의 햇살에 메마른 초지에서 살아가기로 약속했다는 사실을 깨닫고 충격을 받는다. 하지만 그는 환경에 적응한다. 그리고 환경을 조정한다. 자신이 건조할뿐더러 인종분리가 시행되는 곳에 왔다는 걸 안 레슬리는 50만 에이커의 목장에서 살아가는 라틴계 주민을 대하는 방식에 참견하기 시작한다. 그의 남편은 그곳을 가나안 땅의 아브라함처럼 다스리고 있었다. 그가 거느린 무리는 거대했고, 그의 땅은 방대했다. 영화는 무엇보다 미국이 겪는 크나큰 분열은 남북전쟁으로 유명한 북부/남부 구도만이 아니라 생활양식, 역사, 생태, 규모가 다 다른 동부/서부 구도도 있다는 점을 보여주려는 듯하다. 레슬리는 영어가 아니라 스페인어를 쓰는 사람들을 만난 것을 자신이 딴 나라에 왔다는 뜻처럼 여겼던 게 분명하다.

첫 장면에서 테일러/레슬리가 자신만만하게 탔던 말도 그와 함께 왔고, 그래서 그는 그 종마, 멋진 말, 야생의 힘과 자신을 동일시한다. 동부나 여성성은 비활동적이고 여린 것을 뜻한다는 관습적 개념을 멋지게 뒤집은 설정이다. 앞선 장면에서 남편과 시누이는 레슬리가 혈기왕성한 말을 타거나 이글거리는 태양 아래 가축을 몰기에는 너무 연약하다고 주장한다. 그들은 그를 제임스 딘James Dean이 연기하는 인물, 게으른 잡부 제트 링크가 모는 차에 태워 보낸다. 제트는 레슬리에게 반하는데, 레슬리가 그를 상냥하고 정중하게 대한 게 한 이유였다(물론 레슬리가 이제까지 세상에 존재한 사람들 중 가장 아름다운 사람이라는 것도 한 이유였다).

목장을 운영하고 남들을 괴롭히는 게 인생의 전부였던 퉁명스러운 시누이는, 좀더 상냥한 기수에게 익숙한 말에 박차를 박아넣고 말의 힘에 맞서려다가 그만 자신도 말도 죽이고 만다. 시누이는 말의 다리를 부러뜨리고, 말은 그의 목을 부러뜨린다. 시누이는 소파에서 숨을 거두고, 말은 카메라 밖에서 안락사된다. 영화는 시누이가 죽는 장면을 곧장 보여주지 않고, 그 전에 먼저 부활의 주제를 끼워넣는다. 테일러는 딘에게 목장의 라틴계 노동자들이 사는 판잣집 동네에 들르라고 일렀다가, 그곳에서 아픈 아기와 어머니를 발견한다. 죽어가는 시누이를 봐주려고 의사가 오자, 테일러는 인종분리 원칙을 깨고서 의사에게 좀더 쓸모 있는 일을 해달라고 부탁한다. 아기 앙헬 오브레곤의 목숨을 구하는 일이다(영화 후반에서 살 미네오가 이 인물의 청년 역을 맡는다).

희한한 일이다. 1950년대 중반 엄청나게 성공했던 테크니컬러 영화가 카리스마 있고 복종하지 않는 여성을 주인공으로 내세워 급진적 시각에서 인종, 계급, 젠더를 이야기하다니. 그 시절 이보다 더 좌파적인 영화도 제작되었던 건 사실이다. 역시 강인한 여성의 시점에서 서술되는 「대지의 소금」도 1954년 개봉했지만, 그것은 뉴멕시코 광부들의 파업이 진압당했던 이야기를 성실하게 그린 흑백 영화였다. 화려한 컬러 영화였던 「자이언트」는 오스카상의 여러 부문에 후보로 올라 감독상을 탔고, 어마어마한 흥행 실적을 올렸으며, 일반적으로 많은 관객에게 가닿았다. 우리가 어떤 선전과 주장이 해내기를 바라는 게 바로 이런 것이다. 「자이언트」는 즐거움이 (예산 못지않게) 그 목표를 달성하도록 돕는다는 걸 보여주는 사례인지도 모른다.

「자이언트」가 견고하지만 쉽지 않은 결혼, 적잖은 차이를 인내와 끈기로 극복하는 두사람의 결혼에 관한 진지한 이야기이기도 하다는 걸 내가 깨달은 건 또 십년이 흘러서였다. 「자이언트(거인)」라는 제목은 광대한 텍사스의 풍광에서 땄고 록 허드슨은 과연 모든 것을 굽어보는 거대한 산맥 같은 사내이지만, 영화는 「자이언티스(여자 거인)」라고 불려도 좋았을 것이다. 테일러가 연기하는 레슬리 베네딕트의 도덕적 위엄과 용감함은 다른 것을 전부 가릴 정도다. 레슬리는 힘 있는 남자들에게 호통치고, 원래 그의 눈앞에 얼쩡거리지 않는 아랫사람들이어야 했던 사람들에게 손을 내밀고, 일반적으로 권력에 맞서 싸운다. 그는 적응해나가지만, 많은 걸 잃지는 않는다. 그리고 그의 남편은 대체로 잘 반응하고 이해하려고 노력한다. 버지니아 울프는 메리 울스턴크래프트의 연인 길버트 임레이Gilbert Imlay가 그 위대한 페미니즘 혁명가와 연인이 되었을 때 원래 송사리를 잡으려다가 "그만 돌고래를 낚았고, 그 생물은 그가 어질어질할 때까지 물속으로 그를 몰고 달렸다"고 말한 적 있다. 허드슨이 연기하는 조던 베네딕트도 자신이 인종, 계급, 젠더 정의를 추구하는 여전사와 결혼했다는 걸 깨닫고 종종 혼란을 느끼지만, 임레이와는 달리 결코 레슬리에게 얽힌 자신을 풀어내지 않았다.

허드슨이 관계의 충격을 감당하는 모습을 ─ 자신이 바라는 것을 얻지 못할 것 같고, 이제 어떻게 해야 좋을지 모르겠고, 사랑하는 사람과 의견이 일치하지 않을 수도 있음을 깨닫는 모습을 ─ 지켜보노라면 절로 숙연해진다. 그리고 그는 그 연기를 잘해낸다. 크고 매끄러운 석판 같은 그 얼굴에 복잡한 감정들이 스치는 모습은 구름과 비바람이 초원을 스치는 모습 같다. "내가 당신과 결혼할 때 거만하고 불쾌한 여자였다는 건 당신도 알았죠." 레슬리는 또 한번 규칙을 깨고 남편과 그 동무들, 즉 텍사스 평원의 유력 브로커들과 선거 해결사들의 정치 토론에 참견한 다음 날 아침에 이렇게 말한다. 관계를 맺는 것, 결혼, 사랑에 빠지는 것에 대해 이야기한 영화는 많고많으며, 사랑에서 빠져나오는 것에 대해 이야기한 영화도 얼마간 있지만, 사랑을 오랜 세월 지속하는 것에 대해 이야기한 영화는 그다지 많지 않다. 그들은 다투고, 화해하고, 참고, 적응하고, 자식을 낳는다.

우리 곁에 수십년 동안 머무르는 예술 작품은 우리가 스스로를 비춰 보는 거울이 되고, 끊임없이 무언가를 길을 수 있는 우물이 된다. 그런 작품은 작품이 우리에게 무엇을 주는가 못지않게 우리가 작품에게 무엇을 가져가는가도 중요하다는 사실을 상기시킨다. 그런 작품은 우리가 어떻게 변했는지를 보여주는 기록이다. 내가 「자이언트」를 십년에 한번씩 볼 때마다 매번 그것이 다른 영화였던 건, 내가 주변 세상에서 예전과는 다른 것에 주목하는, 예전과는 다른 사람이었기 때문일 것이다. 어둠 속에서 가만히 속삭여지던 교훈을 예전에는 내가 무시했기 때문이 아니라.

무언가를 보는 데, 누군가를 아는 데 얼마나 긴 시간이 필요할까? 만일 우리가 수십년을 들인다면, 맨 처음에 우리가 비록 스스로는 안다고 생각했지만 실제로는 얼마나 적게 이해했던지를 차츰 깨닫는다. 우리는 대체로 주변을 보지 않은 채, 누가 곁에 있는지 알지 못한 채, 작용하는 힘들을 이해하지 못한 채, 자기자신조차 이해하지 못한 채 살아간다. 그것을 알려면, 계속 곁에 머물러야 한다. 그리고 어쩌면 이 영화는 머무름에 관한 영화인지도 모른다. 올 초 개봉 60주년을 맞아「자이언트」를 다시 봤을 때 결혼 플롯은 이미 익숙했고, 테일러의 강인한 레슬리 베네딕트는 여전한 기쁨이었지만, 나는 이전에는 번번이 놓쳤던 미묘한 뉘앙스를 알아차렸다.

우리 주인공들에게는 상상할 수 있는 가장 나쁜 일이 벌어진다. 그들의 아들은 자라서 데니스 호퍼Dennis Hopper가 된다. 호퍼가 연기하는 조던 베네딕트 3세는 빨강 머리에, 불안하고, 의뭉스럽고, 근심 많은 남자다. 어릴 때는 말을 겁냈고, 어른이 되어서는 의사가 되고 싶어하며, 놀랍도록 빨리 의사가 되는 것 같다. 그는 또 부모도 모르게 라틴계의 촌스런 간호사와 결혼한다. 간호사는 멕시코 배우 엘사 까르데나스Elsa Cárdenas가 연기한다. 20년 전 기예르모와 함께 봤을 때 그에게 들었던 이야기인데, 고국 멕시코에서 중간 규모의 스타인 까르데나스는 실제로는 이 영화에서 허락된 것보다 훨씬 더 화려한 배우였다고 한다. 그리고 영화 속 모든 라틴계 인물과 마찬가지로, 그녀도 내 기억에 기예르모가 "구두약 갈색"이라고 표현했던 것 같은 화장을 덕지덕지 칠하고 있었다. 갈색 피부를 더 진한 갈색으로 만들기 위해서였다.

호퍼가 연기하는 아들은 50만 에이커의 목장을 물려받기를 거부한다. 그의 두 누이 중 하나는 목장 일을 사랑하지만, 아버지에게 목장 노동자인 제 남편과 함께 새로운 과학적 기법을 시험할 수 있는 작은 땅을 원한다고 말하여 아버지의 마음을 더 찢어놓는다. 그런데 허드슨이 자신이 자식은 낳았으나 가문도 후계자도 낳지 못했음을 깨닫는 장면에서, 미네오가 연기하는 앙헬 오브레곤이 배경을 어른거린다. 몇 장면 전에 그 동네에서 제일 훌륭한 청년이라고 인정받았던 앙헬이다. 나는 이 장면을 이번에야 눈치챘다. 영화는 진정한 후계자가, 더구나 테일러가 오래전 목숨을 구해주었던 사람이 바로 곁에 있었다는 사실을 암시한 것이었다. 허드슨이 만일 인종주의를 극복할 수만 있었다면 말이다. 그러나 앙헬은 주목도 인정도 받지 못한 채 제2차 세계대전에 참전하러 떠나고, 관에 누워 귀향한다. 수많은 다른 청년들처럼, 그의 장래성은 그렇게 허비되었다.

영화는 또 목축업에서 석유경제로의 이행을 그린 이야기로도 볼 수 있다. 제트 링크는 제가 가진 작은 땅에서 화석연료가 솟구치기 시작하자 건들거리던 목장 일꾼에서 석유 거물로 변신한다. 하지만 영화는 또한 당시 널리 용인되던 인종분리와 차별에서 시민권 운동 태동기로의 이행을 그린 이야기이기도 하다. 그리고 호퍼의 부인이자 허드슨의 며느리인 까르데나스는 영화의 마지막에서 시아버지를 주먹다짐에 빠뜨리는 계기가 된다. 링크의 새 호텔에서, 미용사들은 까르데나스의 머리를 만져주길 거부한다. 돌아오는 길에는 까르데나스가 아들과 남편과 시부모와 함께 들른 식당에서 요리사가 그에게 모욕을 준다. 요리사는 또 여보란듯이 너무나 초라하게 분장한 세명의 라틴계 손님을 (이 배우들은 꼭 빤초 비야$^{Pancho Villa}$와 함께 말을 달렸던 것처럼 분장했다) 식당에서 쫓아낸다. 그러자 허드슨은, 이야기에서는 수십년이 흘렀고 영화에서는 몇시간이 흐른 이 시점에, 이윽고 분연히 일어나서 거구의 요리사에게 주먹을 날린다. 요리사는 훨씬 더 위력 있는 주먹을 맞서 날린다. 허드슨은 싸움에서 지지만, 인권을 옹호하려 행동에 나선 대가로 테일러의 존경을 얻는다. 이유 있는 반항이다.

이번에 다시 보면서, 나는 영화가 이 가부장으로부터 모든 형태의 가부장적 권력을 살며시 서서히 빼앗는다는 걸 눈치챘다. 허드슨의 아내는 그에게 복종하지 않았고 가끔은 그를 존중하지도 않았다. 자식들은 그가 마련해준 계획을 거부했다. 특히 아들은 가업인 목장을 잇지 않은 데다가 멕시코인 혹은 치까나^{chicana}(멕시코계 미국인 여성을 뜻한다—

옮긴이)와 결혼했다(아니면 멕시코 혈통이지만 텍사스에서 태어난 주민인 떼하나 tejana 였는지도 모르겠는데, 영화는 이 점은 분명히 알려주지 않았다). 목장업은 텍사스를 정의했던 위대하고 핵심적이고 결정적인 산업의 자리에서 물러났고, 석유가 그 자리를 차지하여 세상이 바뀌었다. 텍사스에서 제일 큰 목장 중 하나를 소유했던 조던 베네딕트 2세는 자신이 중요하게 여겼던 모든 형태의 권력을 놓게 되었다고, 영화는 우리에게 말한다. 그리고 그건 그대로 괜찮다. 누구나 그렇듯이, 그도 일단 극복하면 괜찮을 것이다. 변화는 소 떼에서 석유로만 일어난 것이 아니었다. 가부장제에서 그와는 다른 체제로, 모든 것을 개방적으로 협의하여 재편하는 체제로, 모두가 경쟁하는 현대로의 이행이기도 했다.

이번에 다시 보면서 깨달았는데, 이 영화의 놀라운 점 하나는 자신이 아무것도 통제할 수 없다는 걸 깨달은 남자의 이야기인데도 그는 욥이 아니고 이야기는 넋두리가 아니라는 점이다. 만일 그런 영화였다면, 거기에는 그가 모든 것을 통제해야 한다는 가정, 그러지 못하는 건 슬픈 일이라는 가정이 깔려 있었을 것이다. 왕이 폐위되어서는 안된다고 말하는 이야기였을 것이다. 그러나 영화는 그 반대를 가정한다. 왕은 쓰러졌지만 — 식당에서는 말 그대로 쓰러졌다 — 그래도 다 괜찮다고 말한다. 그래서 이 영화가 급진적인 것이다.

모든 백인 남성이 이 영화 결말의 조던 베네딕트 2세처럼 변화에 우아하게 대응한다면 얼마나 좋을까. 나는 늘 이 영화를 테일러가 연기한 거대한 인물의 이야기로 이해했지만, 어쩌면 이 영화는 중년에 이르러 자신의 환상을 포기하는 것, 특히 통제의 환상을 포기하는 것에 대해 이야기하는 반反성장소설인지도 모른다. 반항하는 아들 조던 베네딕트 3세는 조던 베네딕트 2세에게 집안의 성을 이을 손자를 안긴다. 조던 베네딕트 4세는 갈색 피부를 가진 아이였다. 그리고 나는 이제야 눈치챘는데, 그 아이의 큼직한 갈색 눈동자가 이 영화의 마지막 장면이었다. 「자이언트」는 말한다. 이것이 미래다, 그러니 익숙해져라.

〔2016〕

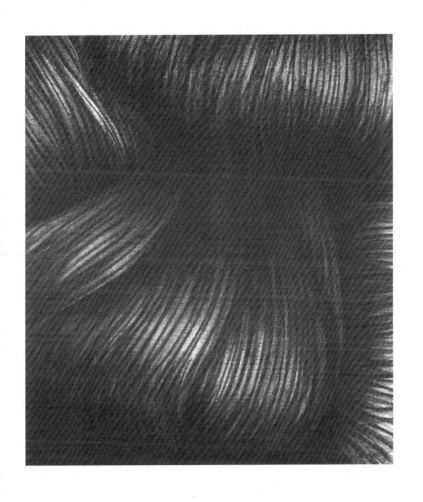

이곳에서 여성에 대한 전쟁이 벌어지고 있다는 건, 남성의 폭력이 가득한 집에서 자랄 때 내가 늘 품었던 생각이었다. 나는 집을 떠나기만 하면 안전할 거라고 생각했고, 정말 아주 어릴 때 떠났는데, 그러고 나니 이제는 길거리에서 낯선 사람들이 나를 위협했다. 『걷기의 인문학』에서 나는 이렇게 말했다. "내 인생에서 가장 처참한 발견은 집 밖에서는 사실상 내게 삶, 자유, 행복 추구의 권리가 없다는 것, 세상에는 그저 내 젠더 때문에 나를 미워하고 해치고 싶어하는 낯선 이가 많다는 것, 섹스가 너무 쉽게 폭력이 된다는 것, 이것을 사적인 문제가 아니라 공적인 문제로 여기는 사람이 거의 없다는 것이었다." 나는 이것을 공적인 문제로 만들려고 노력해왔다.

이 전쟁은 우리 문화에 너무 속속들이 얽혀 있어서, 분노를 별로 못 일으키고 관심도 별로 못 받는다. 독립된 사건은 뉴스가 되지만, 전반적 패턴은 워낙 만연하여 뉴스가 되지 못한다. 나는 이 문제에 관심을 끌어들이려고 애썼다. 이 문제가 어떤 충격을 미치는지 말하고, 가령 가정폭력에 관한 다음 문장으로 그 충격을 열거했다. "배우자의 폭행은 미국 여성의 부상 원인 중 첫번째다. 질병통제센터에 따르면, 매년 발생하는 그런 부상자 200만명 가운데 50만명 이상은 의료 처치를 받아야 하고 14만 5천명가량은 입원해야 한다." 폭력의 기저에 깔린 혐오, 두려움, 권리의식을 이해하려고 노력했다. 폭력은 전반적으로 여성을 비하하고, 비인간화하고, 삭제하는 체제가 좀더 극적으로 드러난 현상일 뿐임을 조명했다. 이는 때로 지저분한 작업이었다. 수많은 재판 기록, 강간과 살인 이야기, 부러진 몸과 망가진 삶에 관한 통계를 읽어야 했다. 하지만 세상을 바꾸는 작업의 일환으로는 가치가 있었다.

페미니즘 운동에 감사한다. 페미니즘은 법과 일상의 삶에서 모두가 평등하도록 만들려는 혁명, 모두에게 권리와 존중을 보장하려는 혁명의 한 부분으로 중요하고 결정적인 역할을 해왔다. 나는 나이를 먹을 만큼 먹었기 때문에, 과거에 가정폭력, 지인에 의한 강간과 데이트 강간, 직장 내 성희롱(내가 십대 때 경험한 일터에서는 거의 일상이었다)의 피해자들이 호소할 곳이 아무 데도 없었던 추악한 세상을 기억한다. 사람들의 통찰, 조직, 개입 덕분에 세상이 변하는 것을 내 눈으로 보아왔다. 모두가 좀더 자유롭고 평등할 수 있는 새 세상을 가져온 개인들과 집단들에게 고맙고, 최근에 내가 여기서 작은 역할이나마 맡은 것이 고맙다. 이 일은 금세 끝나지 않겠지만, 그렇다고 해서 우리가 과거로 돌아가지도 않을 것이다. 아무리 거센 반격이 몰아치더라도.

오래전 만났던 나이 든 여자들이 고맙다. 그들은 내가 살면서 처음 만난 강인하고, 자유롭고, 예속되지 않은 여자들이었다. 내 아버지의 사촌들인 메리 솔닛 클라크와 준 솔닛 세일은 1940년대부터 인권 운동을 했고, 그 훌륭함에 비해 덜 칭송되는 단체인 '평화를 위한 여성파업'에 1961년 창립부터 가담한 핵심 일꾼들이었다. 캐리 댄과 메리 댄은 서부 쇼쇼니족 가모장들로, 나는 1992년 그들의 토지 권리 투쟁에 합류하여 네바다 동부에서 그들의 용맹한 노력과 위대한 모험에 몇년 동안 함께했다. 몇년 뒤에는 페미니스트 작가 루시 리퍼드를 만났다. 그다음에는 뛰어난 수전 그리핀을 만났다. 그밖에도 많은 이를 만났다. 젊은 여자들도 고맙다. 그들은 새로운 활력과 전망으로 페미니즘을 재충전하고 있다. 지아 톨렌티노, 록산 게이, 모나 엘타하위, 캐럴라인 크리아도페레스, 브리트니 쿠퍼, 레베카 트레이스터, 에이드리엔 마리 브라운, 에마 설코위츠 같은 훌륭한 작가들, '흑인의 생명은 소중하다' 운동에 참가한 여성들, 고맙게도 내가 이런 책을 쓴 것을 계기로 만나게 된 다른 많은 여성들. 내 또래 여자들도 고맙다. 특히 맹렬한 페미니스트이자 뛰어난 사상가이자 다정한 친구인 애스트라 테일러와 마리나 시트린이 고맙다. 또 기꺼이 페미니스트가 되어준 많은 남자들이 고맙다. 여자도 가부장제를 섬길 수 있는 것처럼 남자도, 그 누구라도 가부장제에 반항할 수 있다는 사실을 우리가 이제 깨달은 게 고맙다. 특히 억압이 있는 곳에서는 늘 그것을 알아차리는 많은 흑인 남자들의 목소리가 고맙다. 타지 제임스, 일론 제임스 화이트, 테주 콜, 가넷 카도건, 자비스 마스터스 등. 내가 열세 살일 때부터 곁에서 좋은 친구, 동맹, 통찰의 제공자가 되어준 게이 남성들이 고맙고, 내가 성소수자 해방의 세계 수도로 활약해온 도시에서 자랐다는 게 고맙다. 페미니스트 아이들을 기르고 있는 우리 집안 여자들도 고맙다.

　해이마켓 출판사 편집자 앤서니 아노브의 능력과 헌신이 고맙고, 캐럴라인 루프트의 아름다운 편집이 고맙다. 디자인 천재 애비 웨인트라우브에게 고맙다. 제목이 대담하고 명료하게 돋보이도록 만든 『남자들은 자꾸 나를 가르치려 든다』 디자인 덕분에 그 작은 책은 플래카드이자 자극제로 기능했고, 우리는 그 디자인을 『어둠 속의 희망』과 이 책에도 적용함으로써 폭력과 투쟁뿐 아니라 희망에 대해서도 말하는 3부작을 완성했다. 너그럽고 훌륭한 솜씨를 보여준 로리 패닝, 짐 플랭크, 줄리 페인, 그밖의 해이 마켓 사람들이 고맙다. 젠더와 권력에 관한 이 대화에 참가하기를 원하는 독자들이 고맙고, 내 책이 독자들과 만날 수 있게 해준 독립서점들이 고맙고, 책이 아직 우리 삶에서 중요하다는 사실, 고요하고 고독한 상태로 남들의 생각과 교감하는 방식으로서는 아직 가장 심오한 방식이라는 사실이 고맙다.

크리스토퍼 베하에게 특별히 고맙다. 그는 나를 『하퍼스』 '안락의자' 칼럼에 초대했고, 이 책 중 「모든 질문의 어머니」 「500만년 된 교외에서 탈출하기」 「거대한 여자」는 그 코너에 처음 실렸다. 「봉기의 해」 「일곱명의 죽음, 그후 일년」 「최근 강간 농담의 짧고 흐뭇한 역사」 등이 실렸던 『가디언』 편집자들에게 고맙다. 「여자가 읽지 말아야 할 책 80권」 「남자들은 자꾸 내게 『롤리타』를 가르치려 든다」 「사라진 범인」이 실렸던 릿헙의 존 프리먼과 조니 다이아몬드에게 고맙다.

오랜 친구 빠스 데 라 깔사다에게 무척 고맙다. 섬세한 방식으로 육체, 아름다움, 위반, 경계를 환기하는 그녀의 정교한 그림들은 책을 더욱 풍성하고 깊이 있게 만들어주었다. 그리고 내가 만난 사람들 중 가장 친절하고 생기 넘치는 사람이었으며 책과 물을, 많은 친구와 아내와 형제와 처남을 각별히 사랑했던 친구 메리 베스 마크스가 이 책을 마무리하는 동안 갑자기 죽었다. 이 책은 내 인생의 젊은 사람들에게 바치는 글로 열었으니, 마지막은 그녀에 대한 애정 어린 기억으로 닫겠다.

격세지감. 2년 만에 리베카 솔닛의 두번째 페미니즘 에세이집을 번역하면서 든 생각은 그것이었다. 2년은 사실 그렇게 긴 시간이 아니지만, 솔닛의 첫 페미니즘 책『남자들은 자꾸 나를 가르치려 든다』가 나왔던 2015년 5월부터 지금까지 내가 사는 현실에서 페미니즘 논의가 격류처럼 빠르게 흘렀던 탓이다.

그 2년 동안 우리는 여성들의 온라인과 오프라인 대화에서 페미니즘이 중요한 주제가 되는 걸 목격했다. 여성혐오, 데이트 폭력, 디지털 성범죄, 강간문화, 성평등 지수 같은 용어가 일상어로 편입되고 이런 용어들이 묘사하는 현상이 심각한 사회문제로 인식되는 걸 목격했다. 2015년 여름 시작된 소라넷(몰래카메라 영상을 포르노처럼 공유하고 강간 모의도 일삼던 웹사이트) 고발 운동은 디지털 성범죄에 대한 경각심을 일깨웠고, 2016년 여름 소라넷의 폐

쇄로 일정 성과를 올렸다. 2016년 5월 발생한 이른바 강남역 여성혐오 살인 사건은 그러잖아도 남자들보다 훨씬 더 많이 강력범죄의 피해자가 되는 여자들이 오로지 젠더 때문에 혐오범죄의 표적이 되기도 한다는 걸 알려주었고, 혐오범죄와 차별금지법에 관한 토론을 일으켰다. 여성들은 온라인에서 그동안 자신이 겪었던 성폭력과 차별을 이야기했다. "독창이 합창이 되는" 과정은 뿔뿔이 흩어진 개인들이 미처 갖지 못했던 용기를 집단에게 안겨주었고, 연대의 지지를 등에 업은 여성들은 그동안 참아왔던 하소연을 화산처럼 터뜨렸다. 2015년 봄 메르스MERS 사태 때 언론이 여성 감염자를 차별적 시선으로 다룬 것에 분개했던 여성들은 '메르스'와 소설 『이갈리아의 딸들』의 '이갈리아'를 합한 '메갈리아'라는 이름으로 웹사이트를 만들었고, 그곳에서 사회에 만연한 여성혐오 언어에서 남녀를 뒤집음으로써 그런 언어의 비합리성과 폭력성을 드러낸 미러링 전략으로 많은 사람에게 통쾌함과 깨달음을 안겼다. 오프라인에서도 여성들은 검은 옷을 입고 나와 '낙태죄' 반대 시위를 벌였고, 강남역 10번 출구를 뒤덮은 포스트잇으로 침묵당한 희생자의 목소리가 살아 울려퍼지게끔 만들었다. 문단 및 예술계 성폭력에 대한 잇따른 고발, OECD 최악의 남녀 임금 격차와 여성 경력 단절 문제 공론화 등등 수많은 사건은 급기야 올해 있었던 대통령 선거에서 후보자들로 하여금 페미니스트 대통령을 자임하도록 만드는 분위기를 형성했다. 이 분위기를 가장 잘 보여준 상징적 현상은 페미니즘 도서의 출간과 판매의 폭발적 증가였다. 페미니즘은 2016년 출판계를 결산하는 키워드로 어디서나 첫손가락에 꼽혔다. 『남자들은 자꾸 나를 가르치려 든다』는 그 흐름의 첫머리에 있었으니, 그때만 해도 불과 2년 뒤 우리가 기억해야 할 사건과 논의가 이렇게 많이 벌어지리라고는 예상하지 못했다.

사정은 미국에서도 비슷했다. 솔닛이 2014~17년에 쓴 글을 모아서 두번째 페미니즘 책인 이 책 『여자들은 자꾸 같은 질문을 받는다』를 낸 것 자체가, 솔닛이 사는 세상에서도 그동안 이 주제에 관해 주목할 만한 논의가 많이 벌어졌다는 방증이다. 솔닛도 최근 몇년 동안 페미니즘이 "얼마나 많은 변화를 겪었는지를 떠올리면 (두어해 전 사건이) 꼭 고대에 벌어졌던 사건처럼 느껴진다"고 말했다.

「봉기의 해」라는 글에서 솔닛은 2014년을 미국 페미니즘의 분수령으로 규정하고, 어째서 이 시점에 토론이 재점화했는지를 생각해본다. 우리가 겪은 강남역 살인 사건처럼, 미국에서도 여성혐오 범죄에 대한 폭발적 관심의 계기가 된 사건이 있었다(아일라비스타 대량 살인 사건). 우리가 그랬듯이, 미국에서도 여성들은 소셜미디어를 매개로 연대했다. 우리가 그 힘으로 문단이나 게임업계 등 사회 구석구석의 기성 젠더권력을 고발했듯이, 미국에서도 여성들은 빌 코스비에게 오래 묵은 죗값을 치르게 하는 등 현실에서 변화를 이뤄냈다.

『여자들은 자꾸 같은 질문을 받는다』는 우리와 세계가 그동안 그렇게 비슷한 과정을 겪으며 페미니즘을 토론하고 실천해왔다는 것을 실감하게 하는 기록이다. 그뿐 아니다. 이 책을 보면, 우리와 세계가 실시간으로 영향을 주고받으며 간접적인 대화를 나눠왔다는 것도 알 수 있다. 가령 「최근 강간 농담의 짧고 흐뭇한 역사」에 소개된 코미디언 에이미 슈머, 아지즈 안사리, 루이스 C.K. 등의 "웃긴 강간 농담"은 한국어 사용자들의 소셜미디어에서도 진작 화제가 되었던 이야기들이다. 거꾸로 우리 여성들의 봉기를 보도한 해외 뉴스도 세계 어디선가 어느 여성들에게는 힘과 영감이 되었을 것이다.

상대적으로 시사성을 적게 띠었음에도 오히려 더 길게 마음에 남는 것은 2부의 글들이다. 특히 「남자들은 자꾸 내게 『롤리타』를 가르치려 든다」는 책의 백미다. 글의 시초는 솔닛이 남성 잡지 『에스콰이어』의 추천 도서 목록 '남자가 읽어야 할 최고의 책 80권'에 담긴 마초적 시각을 비판한 일이었다. (이 책에 실린 「여자가 읽지 말아야 할 책 80권」이라는 제목의 글이다.) 남성 독자들의 반발에 대한 솔닛의 반박이 「남자들은 자꾸 내게 『롤리타』를 가르치

려 든다」인데, 이 글에는 솔닛이 그간 관심을 갖고 탐구해
온 주제들이 모두 들어 있다. 이야기의 중요성, 예술의 의
미, 자신의 이야기를 자신이 하는 것이야말로 독립성과 자
유의 기본 조건이라는 것, 그러나 그동안 여성들은 자신의
이야기를 스스로 할 기회가 적었다는 것, 그동안 남성들은
여성의 이야기까지도 가로채어 자신들이 대신 말해왔다는
것…

　이는 그저 『롤리타』의 독법을 둘러싼 사소한 소동에 지
나지 않는 게 아니다. 솔닛이 이 책의 가장 긴 글 「침묵의
짧은 역사」에서 논했던 주제, 즉 여성이 역사적으로 강요
받아온 침묵을 깨고 자신의 목소리를 내는 것이 왜 중요한
가와 이어져 있다. 페미니즘은 무엇보다도 우선 여성에게
목소리를 찾아주는 작업이라는 생각과 이어져 있다. 그러
기 위해서는 비단 법률과 정치의 변화뿐 아니라 문화와 예
술과 포르노그래피와 일상 언어의 변화까지도 필요하다는
생각과 이어져 있다. 이야기에는 트라우마를 치료하는 힘
이 있다는 생각, 가끔은 이야기를 꺼내는 것 자체가 감정
이입 행위라는 생각과 이어져 있다.

　솔닛이 책 첫머리의 헌사에서 "불평꾼들에게 감사한다"
라고 말했던 것도 같은 맥락일 것이다. 원어로 "hellraisers"
인 이 단어를 나는 사실 '프로불편러들'이라고 번역하고
싶었다. 세상의 불편함과 부조리에 목청을 높이는 사람들,

남들이 왜 그렇게 예민하게 구느냐고 시끄럽다고 타박해도 개의치 않고 작디작은 문제까지도 다 중요하다고 말하는 사람들, 그런 이들이 일으키는 "아름다운 소음"이 우리를 토론과 발전으로 이끈다는 게 솔닛의 말이다.

『남자들은 자꾸 나를 가르치려 든다』에서 『여자들은 자꾸 같은 질문을 받는다』까지 2년 사이에 또 한가지 크게 변한 것이라면 솔닛의 목소리에 귀 기울이는 독자의 수일 것이다. 솔닛은 현재 진행되는 페미니즘 대화에 자신이 작은 역할을 할 수 있었던 걸 고맙게 여긴다고 말했다. 그리고 이 두 책에 더해 『어둠 속의 희망』까지 세권은 "폭력과 투쟁뿐 아니라 희망에 대해서도 말하는 3부작"이라고 말했다. 그러고 보면 이 책의 끝에 배치된 글이 「거대한 여자」인 것도 의미심장해 보인다. 우리 모두가 가부장제의 권위에서 벗어나서 차별과 편견을 버린다면 남자들도 여자들 못지않게 더 자유롭고 행복해질 수 있다고 말하는 글이니까. 솔닛의 페미니즘 책들이 '희망 3부작'이라고 불리는 건 타당하다. 솔닛에게 페미니즘은 희망이기 때문이다.

2017년 8월
김명남

모든 그림은 작가 빠스 데 라 깔사다^Paz de la Calzada의 허가로 실었다.

빠스 데 라 깔사다는 샌프란시스코를 기반으로 다방면으로 작업하는 화가다. 그녀의 장소 특정적 그림과 설치 작품은 복잡한 미궁을 만들어내고, 그것은 공적인 공간과 명상의 영역을 잇는 통로가 됨으로써 동떨어진 두 세계를 잇는다. '헤어스케이프' 연작의 정교한 선과 반복 패턴은 주변 건축과 공존하고 협력함으로써 여성적 아름다움의 일면들을 다시 불러낸다.

빠스는 미국, 인도, 크레타, 스페인에서 지역 공동체와 관계를 맺고 그들의 이야기에서 영감을 얻는 방식으로 기간 한정적 공공 예술 프로젝트를 설치해왔다.

www.pazdelacalzada.com

1. 「헤어스케이프」 캔버스에 목탄. 117×102cm

2. 「헤어스케이프」 캔버스에 목탄. 142×137cm

3. 「헤어스케이프」 캔버스에 목탄. 61×66cm

4. 「헤어스케이프」 종이에 목탄. 76×56cm

5. 「헤어스케이프」 종이에 목탄. 76×56cm

6. 「헤어스케이프」 캔버스에 목탄. 51×46cm

지은이 • 리베카 솔닛(Rebecca Solnit)

예술평론과 문화비평을 비롯한 다양한 저술로 주목받는 작가이자 역사가이며, 1980년대부터 환경·반핵·인권운동에 열렬히 동참한 현장운동가다. 특유의 재치 있는 글쓰기로 일부 남성들의 '맨스플레인'(man+explain) 현상을 통렬하게 비판해 전세계적인 공감과 화제를 몰고 왔다. 국내에 소개된 책으로 『남자들은 자꾸 나를 가르치려 든다』 『어둠 속의 희망』 『멀고도 가까운』 『이 폐허를 응시하라』 『걷기의 인문학』이 있으며, 구겐하임 문학상, 전미도서비평가상, 래넌 문학상, 마크 린턴 역사상 등을 받았다.

옮긴이 • 김명남(金明南)

KAIST 화학과를 졸업하고 서울대 환경대학원에서 환경 정책을 공부했다. 인터넷서점 알라딘 편집팀장을 지냈고, 전문번역가로 활동하고 있다. 『남자들은 자꾸 나를 가르치려 든다』 『우리는 모두 페미니스트가 되어야 합니다』 『면역에 관하여』 『휴먼 에이지』 『지상 최대의 쇼』 등을 옮겼다. 『우리 본성의 선한 천사』의 번역으로 제55회 한국출판문화상을 수상했다.

여자들은 자꾸 같은 질문을 받는다

초판 1쇄 발행 / 2017년 8월 30일
초판 4쇄 발행 / 2021년 8월 18일

지은이 / 리베카 솔닛
옮긴이 / 김명남
펴낸이 / 강일우
책임편집 / 최지수
조판 / 박지현
펴낸곳 / (주)창비
등록 / 1986년 8월 5일 제85호
주소 / 10881 경기도 파주시 회동길 184
전화 / 031-955-3333
팩시밀리 / 영업 031-955-3399 편집 031-955-3400
홈페이지 / www.changbi.com
전자우편 / nonfic@changbi.com

한국어판 ⓒ (주)창비 2017
ISBN 978-89-364-7441-6 03300